OHSAMA BUNKO

# それ、「心理学」で説明できます!

清田予紀

三笠書房

# はじめに……「心のふしぎ」を解き明かすと、世界の見え方がガラリと変わる!

こんな〝**疑問**〟を感じたこと、ありませんか?

「楽しいことをしていると、時間が経《た》つのがアッという間なのに、退屈なことをしていると、ちっとも時間が進まないように感じるのは、なぜ?」

「ふだんは、スーパーで1円でも安いものに目が行くのに、どうして友人たちとは、平気で豪華なランチを食べてしまうんだろう?」

「あの政治家はなぜ、やたらと難しいカタカナ用語を使いたがるの?」

**実は、それ、すべて「心理学」で説明できます。**

心理学は、**一番身近でありながら一番謎に満ちている、私たちの〝心のしくみ〟を解き明かす**もの。

およそ1世紀半前にこの学問が生まれてから、多くの学者たちが、数えきれないほどの研究や実験を行ない、心の秘密を明らかにすることにチャレンジしてきました。

そんな心理学に照らし合わせれば――

**自分のことも、身の周りのことも、世の中で起こっていることも、あの人のことも、面白いほど、すべてまるわかり。**

私たちがなにげなくやっていること、当然だと思っていることが、

「どうしてそうしているのか」

「なぜそうなっているのか」

――心理学は、ずばり解明しています。

それがわかれば、**今見ているものごとの〝裏側〟が、ぐるりと見渡せる**ような気分になることでしょう。

たとえば、ビジネスの世界では、心理学をふまえて流行を生み出したり、商品をつくったりしています。あなたの「ほしい！」「買いたい！」という意欲も、実はそう・・・なるように仕組まれているのかもしれません。

また、人の〝心が動くシチュエーション〟〝心が揺さぶれるタイミング〟を知れば、気になる相手とも、より簡単に距離を縮められることでしょう。

さらに、仕事や勉強だって、心理学に則《のっと》ったちょっとした工夫で、もっとはかどる秘訣も見えてきます。

そして何より、あなた自身のことが、より深く理解できるようになるでしょう。

〝なんとなく気になること〟〝いわれてみれば、不思議に感じること〟——**その疑問を解き明かす先には、果てしない〝人の心の可能性〟が広がっています。**

本書のページをめくれば、「なるほど！」「そうだったんだ！」「それは、気づかなかった！」という発見が、次々と得られるはず。

**知れば知るほど面白くて、わかればわかるほど奥深い**——そんな心理学の扉を、開いてみてください。

清田予紀

もくじ



# 1章 意識していることも、いないことも——ぜんぶ、「深層心理」が知っている！



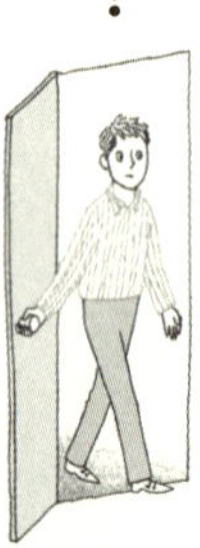

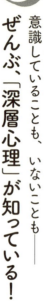

# 2章

# 世の中が「そうなっている理由」が、手にとるように見えてくる！



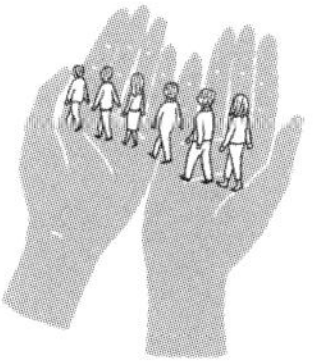

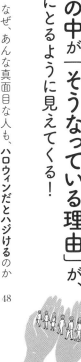

# 3章

# 「買いたくなる」心理は、こうして仕組まれている？

# 4章 あの人との「ココロの距離感」——その秘密がまるわかり

# 5章

# 「好きな気持ち」は こうして生まれ、こうして揺れる

# 6章

# 仕事も勉強も、この心理学で、もっとうまくいく！

イラスト・大塚砂織

# 1章

意識していることも、いないことも——

# ぜんぶ、「深層心理」が知っている！

# なぜ、「昔は良かった」と思ってしまうのか

「昔はいい時代だったよ。みんな夢があった」

「昔は良かった。それに引き替え、今の子どもたちはかわいそう」

過去を懐かしむとき、多くの人の口を突いて出るのが、このような言葉です。

多くの人が、過去のほうがいろいろな意味で、今より幸せだったと思うようです。

はたして本当にそうなのでしょうか。


あまり聞き慣れないかと思いますが、**『薔薇《ば》色《いろ》の回顧《かいこ》』**という心理学用語があります。これは認知バイアス（人間の誰もが持つ「思考の偏《かたよ》り」のこと）のひとつで、文字通り、**過去のことを当時感じていたよりも美化して、まるで薔薇色だったかのように思い出すこと**をいいます。

これは、ほとんどの人に、心当たりがあるのではないでしょうか。

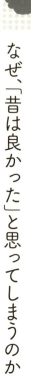

過去の記憶が美しく飾られるのには、次のような理由が考えられます。

- 人は、過去の悪い出来事は無意識に忘れようとしがち。そのため、**相対的に良い印象の記憶が残りやすい。**今は、良いことと悪いことが同時に起きているので、結果として昔のほうが良かったように感じてしまう。
- 昔の自分と今の自分を比較すれば、当然昔のほうが若く輝いていた。それと同じように**自分が若かった、その時代も輝いていたと錯覚《さっかく》**してしまう。
- 人は、自分が過去にしてきた選択や意思決定を、肯定したい。そのため、過去のことを良いほうに意味づけしてしまう。

もちろん、実際に当時のほうが良かったことも多々あることでしょう。でも、すべてがそうかといえば、そんなことはないはず。

過去を美化しすぎて、「原点回帰《かいき》で昔のやり方を復活させよう」などと言い出すと、現代の時流に合わずに失敗することもあります。

「昔はこれくらいで休むヤツはいなかったぞ」などとハッパをかけすぎると、このご時世、パワハラにもなりかねないのでご用心を。

## 何かに夢中だと、時間がアッという間に経つのはなぜ？

ゲームに夢中になったり、細かい手仕事に集中して取り組んでいたりするうちに、アッという間に時間が経ってしまったという経験は、誰にでもあることです。

そのように、時間を忘れるほど夢中になったり集中したりすることを、ポジティブ心理学の第一人者ミハエル・チクセントミハイは、**『フロー体験』**と名づけました。

スポーツ選手が集中力を高めて競技に臨み、好成績を収めたときに、よくコメントで「ゾーンに入った」と言いますが、それと近い心理状態でしょう。

どちらにしても、**使命感や楽しさを感じながら、能動的にものごとに取り組んでいるときによく起こる現象**です。遊びでも仕事でも、他人からやらされているように感じていては、決して起きません。

それだけに、人は『フロー体験』をすると、素晴らしい充実感を味わうことができます。何度も経験したくなるほどです。

ただ、簡単に体験できるかというと、そうはいかないようです。
チクセントミハイによると、様々な条件の中でも、特に重要なのは次の点だとか。

○取り組む内容が、自分の能力と照らし合わせて難しすぎないこと。
ただし、簡単すぎてもダメ。その人の能力を出し切れば、なんとかなるようなレベルであること。そして、それをやり通すことで、その人の能力が向上するような難易度であること。

○取り組んでいるものに対して、自分でコントロールできているという感覚、可能性を感じていられること。

なんだか難しそうですが、ゲームを想定して考えてみると納得しやすいでしょう。

自分のレベルに合ったゲームでなければ物足りないですし、難しすぎると歯が立たないのですぐあきらめてしまって、『フロー体験』などできそうにありませんものね。

## かゆいところをかき始めたら止まらない理由

地獄というと、あなたはどんな世界を想像するでしょうか。

ダンテの『神曲《しんきょく》』によると、地獄界は第1圏から最深部の第9圏まであるのだとか。

その最深部のひとつ手前、第8圏についてのウィリアム・ブレイクによる挿《さ》し絵に描かれているのは、なんと永遠のかゆみに苛《さいな》まれる詐欺師《さぎし》たちの姿。

かゆみは、地獄の責《せ》め苦のひとつになっているんですね。それほどまでに私たちを苛むつらさがあるということなのでしょうか。

実際、かゆいところをかき始めたら、もう止まらなくなりますよね。

「かきたい！　かきむしりたい！」という衝動はなかなか抑《おさ》えられません。

なぜ、かき始めると止まらないのでしょう。

それは、**かくことで脳内の「報酬系《ほうしゅうけい》」と呼ばれる部分が刺激されるからだ**といいます。ここが刺激されると、**ドーパミンやエンドルフィンといった、喜びや幸せを感じ**

**させる脳内ホルモンが分泌される**ので、やめられなくなってしまうのです。

かけばかくほど「痛い、でも気持ちいい」と感じるのはそのせいなのでしょう。

このように、なんらかの行為をやめられなくなる状態を、心理学的には**『作業興奮』**といいます。この言葉の名づけ親は、ドイツの精神科医エミール・クレペリン。**やり始めたことに興奮して、止まらなくなる心理**を表わす言葉です。

かゆいところをかく行為も、最初は何の気なしに始めるのですが、だんだんやめられなくなってしまうものですよね。

幸いなことに、「かゆい」という感覚は、皮膚と一部の粘膜《ねんまく》だけに起こります。内臓や頭の中など、かくことができないところはかゆくなりません。それは、かゆみを伝達する神経が、外界とじかに接しているところだけにあるからなのだそうです。

かゆみを抑える方法として有効なのは、「かゆいところを冷やす」というもの。冷たいという感覚のほうが優先されるので、かゆみを感じにくくなるのです。それは、冷たい、熱いという感覚のほうが命に関わるからだとか。かゆみ止めの薬を塗るとスーッとひんやりするのも、そうした作用を利用しているんですね。

# 自分が並んだレジの列の流れが悪いとイラつくわけ

スーパーで、一番空《す》いているレジの列に並んだのに、一向に進まないときがあります。見ると、先頭のおばあさんが財布をのぞき込んで、小銭を出したり引っ込めたり。その動作は、スローモーションかと思うほどゆっくり。ああ、じれったい！

レジ係の店員さんに目を移すと、胸に「研修中」のバッジが！　そのせいか、店員さんの動きが、どうもぎこちない。これじゃあ進まないわけです。

それを尻目《しりめ》に、隣のレジの列はスイスイ。どんどん列が短くなっていく。

「ああ、こんな列に並ぶんじゃなかったぁ！」

そんなふうに、焦燥感と後悔でいっぱいになった経験は、誰にでもあるのでは？

それにしても、列の進み具合が悪いだけで、なぜあんなにイラつくのでしょう。

その理由のひとつは、『**ロス効果**』が働くからだと思われます。

これは、自分の列のほうが早く進みそうだという**最初の期待値が大きいと、些細《ささい》なことでも幻滅したり落胆《らくたん》したりしてしまう心理**を指します。

反対に、期待値が低かったわりに列が早く進むと、得したような気分になる心理を**『ゲイン効果』**といいます。

しかも、たったそれだけで、その日一日機嫌が良くなったりするのですから、人間の心理って面白いですね。

もうひとつの理由は、ストレスの蓄積《ちくせき》。ストレスがたまっていると、私たちはちょっと不都合な出来事があっただけで、イライラしがちです。その証拠に、ストレスフリーのときは、列の進みが多少遅くても余裕で待つことができますものね。

つまり、レジの流れが悪いときにイラつくかどうかは、ストレスがどれくらい蓄積しているかのバロメーターになるということ。

もし、イラつくようであれば、ストレスがたまっている証拠。まず、それを認めましょう。そして自分を責めずに「かわいそうに、ストレスをためてるんだね」「そういうときもあるさ、人間だもの」と〝あいだみつお〟の詩のように許し、いたわってあげること。きっと心も落ち着いてくるはずです。

## 忘れようとすればするほど、頭から離れなくなる？

「嫌な思い出を忘れようとしても、頭から離れてくれない」

「ダイエットしたいのに、甘いもののイメージばかりが浮かんでくる」

そうした悩みを訴える人は多いものです。

なぜ、忘れようとすればするほど、頭から離れなくなってしまうのでしょう。頭から遠ざける方法はないものでしょうか。

その方法を研究した心理学者がいます。アメリカのトリニティ大学のダニエル・ウエグナー博士がその人。

博士は、学生たちにこう命じました。

**「これから5分間、シロクマのことを考えないようにしてください」**

他のことは何を考えてもいいけど、シロクマのことだけは考えてはいけないという指示を出したのです。

ところが、考えてはいけないと思えば思うほど、学生たちの頭からはシロクマのことが離れなくなってしまいました。**何かを考えないようにしようとすればするほど、逆にその何かを強く意識してしまう**という皮肉な結果になったのです。

博士は、これを『**皮肉なリバウンド効果**』と名づけました。

そして、「この秘密は絶対にバレないようにしないと！」と意識するほど口を滑《すべ》らせてしまうのも、用心しようと思えば思うほどケチャップでシャツを汚してしまうのも、この効果が働くからだと考えました。

博士は、そうした皮肉なリバウンドついての解決策も提案しています。

それは「考えないようにすることをあきらめる」こと、つまり、頭に浮かんでくる考えをコントロールするのは不可能だという事実を受け入れることだといいます。無駄な抵抗はやめなさい、ということ。そして、「これならできる」ということに意識を集中することだといいます。

たとえば、ダイエットをするなら、太りそうな食べ物を禁止するより、どんなものなら食べていいのかに注目するほうが成功するのだそうです。お試しを。

## ダイエットをしても リバウンドしてしまうワナ

女性だけでなく男性にとっても、ダイエットは大きな関心事のひとつ。

でも、せっかくダイエットを始めたのに、大事な宴会や結婚式への出席といった外食の機会が続いてリミッターが外れてしまい、結局、振り出しに戻るどころかリバウンドして、かえって体重が増えてしまったなんて経験は、多くの人にあることです。

なぜそうなってしまうのでしょう。

それは、『**どうにでもなれ効果（The What-The-Hell Effect）**』という心理が働くからだという研究者がいます。

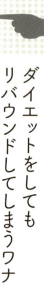

このちょっとおふざけ調の心理学用語の名づけ親は、ジャネット・ポリヴィとC・ピーター・ハーマンという2人のダイエット研究者。お堅い心理学用語の中にも、こんな言葉があるんですね。

研究者たちが気づいたのは、ダイエットをしている人たちの多くがちょっとの挫折《ざせつ》で心が折れてしまい、もうダイエットなどしてもムダだとあきらめてしまうことでした。しかも、「ええい、もうどうにでもなれだ。全部食べちゃえ」と、**我慢していた反動か余計にたくさん食べてしまう**人が続出するのです。その心理を『どうにでもなれ効果』と名づけました。

誘惑に負けたことで自己嫌悪におちいってしまい、その気晴らしに何か食べたくなって、結果リバウンドしてしまうというわけです。

この『どうにでもなれ効果』が働くのは、ダイエットに失敗したときだけではありません。

１万円札を10枚の１０００円札に両替すると、節約したい、１万円札を減らしたくないという気持ちがどこかへ行ってしまい、金離れが良くなって散財してしまうのも、この心理が働くから。

倫理観の強い人でも、街中に空き缶やゴミが捨ててあるのを見ると、自分もついポイ捨てしてしまうのもそうです。

さて、あなたには『どうにでもなれ効果』の誘惑に負けないで、リバウンドをくい止める自信はおありでしょうか。

# ネットで知った情報は、忘れるのも早い？

数年前に『日経サイエンス』という科学誌に載った論文で紹介されて以来、注目されている心理学用語があります。それが『**グーグル効果**』。

これは、**何かわからないことがあると、すぐに検索サイトのグーグルを使って、答えを見つけようとする心理**を表わす言葉。

筆者自身、人と会話をしていて単語や人名が思い出せないと、すぐにスマートフォンを取り出してマイクに問いかけてしまいます。困ったものです。

その論文によると、検索結果の助けを借りて思い出したのに、人はそのことをさも自分だけの力で思い出したかのように感じてしまうのだとか。グーグルでなく自分自身の記憶力が良かったんだと錯覚してしまうというのです。

もちろん、スマホあっての知識力だということは自覚しているものの、一度その万能感を味わってしまった人は、スマホが手放せなくなってしまうのでしょう。

論文ではこの『グーグル効果』のために、私たちの「情報を記憶しよう」という衝動や欲求がどんどん弱まっていく傾向があることも指摘しています。

記憶力の減退に拍車をかけているのは、グーグルだけではありません。

アメリカの心理学専門誌『サイコロジカル・サイエンス』に発表されたリンダ・ヘンケル氏の論文によると、**インスタグラムなどのSNSに載せるために、よく考えずに写真を撮りまくっていると、目にしたものが記憶として残りにくい**ことが実験で証明されたというのです。

ヘンケル氏はこれを『**写真撮影減殺《げんさい》効果**』と名づけています。写真に記録したことで安心してしまい、せっかく自分の目で見たシーンが、脳の印画紙《いんがし》にちゃんと写らなくなってしまうということですね。

思い出そうとしても、映像がピンボケしていては困ってしまいますよね。

せっかく観光地へ行っても、やたらと写真を撮りまくっている人は、せっかくの旅の思い出までがピンボケになってしまいかねません。

そういう人は、記憶を補完《ほかん》するためにも、せめて撮った写真を目にする機会をたくさんつくる必要がありそうです。

# 「とんでもない言い間違い」は、なぜ起こる？

『花嫁のパパ』というアメリカのコメディ映画の中に、18歳の娘の父親が、とんでもない言い間違いをしてしまうシーンがあります。

それは、娘が恋人の男性とドライブに行くと言って自宅を出ようとしたときのこと。父親が、こう言ってしまうのです。

「コンドームを忘れずに」

言った瞬間、言い間違いに気づいた父親は「違う！　シートベルトを忘れずに、だ」と訂正《ていせい》しますが、時すでに遅し、家族全員から呆《あき》れられてしまいます。

父親がそんな言い間違いをしたのには、理由がありました。突然、娘が彼氏を家に連れてきて、「この人と結婚する」と宣言したからです。

母親は大賛成。でも、父親にしてみれば青天《せいてん》の霹靂《へきれき》です。

幸せそうな娘を見ていると、結婚を認めないわけにはいかないけれど、日に入れても痛くない娘を、どこの馬の骨とも知れない男に盗《と》られるのは納得がいきません。（せめて妊娠するなら、結婚式の後にしてくれよ！）

きっとそう思ったはず。それが、言い間違いにつながったのだと思われるのです。

そうした言い間違いについては、あのフロイト博士もこう述べています。「言い間違いは、本人が意識している意図と、無意識の意図が衝突するために起きると考えられる。**無意識の意図（欲求）のほうが大きなエネルギーになると、意識のエネルギーを押しのけ、言い間違えてしまうのだ**」

つまり、父親の意識は「シートベルト」にあったのですが、無意識の中には「結婚前は、避妊《ひにん》だけはしてほしい」という欲求があり、その欲求のエネルギーが勝ったために、とんでもない言葉が口を突いて出たということ。

たとえば、これから会議を始めるときに「これより閉会します」と言い間違えてしまうのは、その人の中に「早く終わりたい」という欲求があるから、なんでしょうね。

博士はそうした言い間違いを『**錯誤行為**《さくご》』と名づけました。そしてのちの人は、研究したフロイト博士にちなんで『**フロイディアン・スリップ**』と呼んでいます。

# くすぐるマネをされただけで、くすぐったくなる謎

子どもは、親がくすぐるマネをしただけで、キャッキャッと笑い転げます。さすがに大人になると子どもほどではなくなりますが、恋人同士でじゃれ合っていると、似たような現象が起こるのではないでしょうか。

なぜくすぐるマネをしただけで、人はあんなに体をよじらせて笑ってしまうのでしょう。

そもそも、人がくすぐったがるのはなぜなのでしょう。

意外かもしれませんが、私たち**人間は、くすぐったさを感じる感覚器官を持っていない**のだそうです。なのに、くすぐったさを感じるのには理由があります。

くすぐったい部分を思い出してみてください。首とか脇《わき》の下とか、足の裏とかですよね。そこは、動脈が皮膚の近くを通っており、ケガをすると多量の出血を招きかねない〝危険部位〟――つまり人体の急所だということ。そのため付近には自律《じりつ》神経も

集まっていて、外部からの刺激に対しては特に敏感になっています。

つまり、**敏感な部分を触られるとくすぐったくなって笑ってしまうのは、私たち人間の防衛本能によるもの**だというのです。心理学でいえば『**防衛機制**《ぼうえいきせい》』のカテゴリーに入るでしょうか。

そういわれれば、くすぐられると、くすぐったいだけでなく、「やめてやめて」と逃げ腰になりますものね。

人間は、くすぐったがり、笑って逃げたりすることで、大切な部分を防御しているのだという研究者もいます。くすぐるマネをしただけで笑い転げてしまうのも、人に備わった防御本能のひとつなのでしょう。

ところで、**自分で自分の体を触ってもくすぐったくないのは、小脳が「指を動かせ」と指令を出しても、大脳が「刺激が来るぞ」と身構えるから。**そして、「でも、危険はないぞ」と教えてくれるからだそうです。

## なぜ、自分の「写真写り」に納得がいかないのか

自分の運転免許証の顔写真を見るたびに、その写真写りの悪さにガックリと肩を落とす人は多いものです。免許証は一度それを手にしたら、5年間はその写真とつき合わなければならないので、くやしさもひとしおかも。

でも、写真写りが悪いと思っているのは、本人だけかもしれません。

というのも、心理学者たちが**「写真写りが悪いというのは目の錯覚。自分勝手な思い込みの可能性が高い」**ことを、ちゃんと実験で確かめているからです。

実験を行なったのは、シカゴ大学とヴァージニア大学の研究グループ。

研究者たちは、被験者になってくれた学生たちの写真を撮り、画像処理ソフトを使って、それぞれ3種類の写真をつくりました。

それは、「無修正の写真」と「20％ほど美形にした写真」と「少し醜《みにく》くした写真」

の3種類で、それを本人の前に並べて、こう尋《たず》ねたのだそうです。

「この中で、加工されていない写真はどれだと思う？」

すると、かなりの数の被験者が、無修正の写真ではなく、ちょっと美形にした写真を選んだというのです。

つまり、**人は自分のことを本来の自分より〝もう少しマシだ〟と思っている**というわけです。

この実験が興味深かったのは、他人の顔についてはほとんどの被験者が「これが本人の写真です」と、正しく無修正の写真を選んだこと。

人間って自分には甘いのに、他人には「超」がつくほどクールなのです。

このような**「自分には甘く、他人には厳しい（あるいは公平に）」という人間の特質**は**『自己高揚《こうよう》欲求』**と名づけられています。

つまり、「写真写りが悪い」は、当人だけの思い込みの可能性が高いということ。

その事実を真摯《しんし》に受け止めて、2割ほど美しくなるよう自分磨きに励めば、写真と理想の自分とのギャップに悩むことも、少しは減るかもしれませんね。

# ベッドに入ると、急に時計の音が気になり出すミステリー

エアコンをつけている間は気にならなかったのに、ベッドに入り眠ろうとエアコンを切った途端、掛《か》け時計の秒針の音や水槽《すいそう》のモーター音が気になり出して、眠れなくなった……誰もがそんな経験があるのではないでしょうか。

**ある音が別の音によって妨害《ぼうがい》されて、聞き取りにくくなる現象**を『マスキング』と呼んでいます。聴覚の錯覚現象のひとつです。

急に時計の音が気になり出したとしたら、マスキングが解除されたということ。エアコンの音でマスキングされていた時計の音が聞こえるようになったので、耳が反応してしまったのですね。他に音がしない部屋の中では、時計の秒針が刻む音って意外と大きいですものね。

一般的に、**高い音のほうが低い音よりマスキングされやすい**という特徴があります。

音楽を聞きながら髪にドライヤーをかけていると、高音の楽器の音が聞こえなくなって、低音のベースの音だけ聞こえるのはそのためと考えられます。

また、時間的に、後から鳴った音のほうが先に鳴った音をマスキングしてしまうという不思議な現象も起こります。

これは、**周波数などによって、聴覚神経内での伝達速度や処理過程に違いがあるために起こる**とされています。

このマスキング効果は、不快な音が人に聞こえないようにするためにも活用されています。たとえば、高層ビルのエレベーターでＢＧＭが流れているのも、実はこの効果を利用したもの。高層ビルのエレベーターは速度が速く、風切り音が非常に大きいので、それをＢＧＭで目立たなくしているのです。

レストランで流されているＢＧＭも、同様の効果を期待してのもの。レストランの中は、お客の会話、注文のやりとり、食器の音、足音、エアコンのモーター音などなど、いろいろな音が混在しています。

そんな雑音を意識しないで過ごせるのは、マスキング効果で、私たちがＢＧＭのほうを聞いているからなんですね。

# 使わないままの試供品を捨てられない心理

繁華街の駅やターミナルで、ついもらってしまうのが、新製品のサンプルや試供品。少量とはいえ、新製品の化粧品などをタダでもらえるのですから、その誘惑に抵抗するのはホネです。

でも、もらったはいいけれど、使わずにたまるばかりなのも試供品です。かといって捨てることもできない。あなたのお宅でも、そんな試供品がタンスの引き出しや化粧台の上に散在《さんざい》しているのではないでしょうか。

タダとはいえ、使わないのになぜもらってしまうのでしょう。そして、捨てられないのでしょう。

どうやらそこには**『保有効果』**という心理が働いているようです。

これは、**自分の所有するものに価値を感じ、手放すことを惜《お》しく感じる心理効果**です。

部屋の掃除をしていると、懐かしいものや使わなくなったものが、いろいろと出てきます。それを「捨てるもの」「とっておくもの」に分けようとすると、大仕事になります。使わないことはわかっているのに、「捨てるもの」に分別できずに、いちいち悩んでしまうからです。そんな悩んでしまう心理こそが、保有効果です。

思い出の品だけでなく、タダでもらった試供品にまでその心理が働いてしまうのですから困ったものです。

しかしそのままでは、ゴミと化した試供品に引き出しを占領されてしまいます。

そうならないためには、「もらう」という行動を捨てることです。

断捨離《だんしゃり》は、ものを捨てるだけでは成功しません。自分の意識や行動を変えないと、いくらものを捨てても、またすぐにたまってしまうからです。

まずは、「タダ」という誘惑に心を奪われないようにしましょう。無料であろうが有料であろうが商品の価値は同じです。自分に必要なものなら価値がありますが、必要なければ価値はないも同然。

サンプルや試供品をためないためには、必要と思ったときにだけもらうこと。そして、必要なのですから、もらったらすぐにそれを使うことです。

# 助手席で、思わずブレーキを踏むしぐさをしてしまうわけ

車の助手席に座っているのに、「あぶない！」と思った瞬間、ドライバーと一緒に自分も思わず、あるはずのないブレーキを踏むしぐさをしてしまった。

そんな経験、車を運転する人なら、一度や二度はあるのではないでしょうか。

そのような現象を、心理学では『観念運動《かんねんうんどう》』と呼んでいます。

**過去に繰り返し行なっている動作なので、そうした緊急時には体が勝手に反応してしまう**のです。

この『観念運動』、経験していない動作では起きません。ですから、運転の経験のない人は、助手席に座っていてもブレーキペダルを踏むような動きはしないということです。

これは推理小説のネタになるかもしれませんね。

「私は運転できないから、殺人現場にそんな短時間に行けるはずがない」

そう主張していた容疑者が、助手席であるはずのないブレーキを踏むしぐさをしてしまったら、名探偵シャーロック・ホームズでなくても、「怪しい！」と判断できてしまいますものね。

こうした『観念運動』が目撃できるのは、車の中だけではありません。

「うちのお父さんったら、ニュースの司会者が挨拶《あいさつ》で頭を下げたら、自分まで頭を下げちゃうのよ」

これも『観念運動』のなせるわざ。お父さんはもしかしたら、仕事先のいろいろなところで頭を下げているのかもしれません。そういうお父さんには、「お疲れさま」のひと言と、肩もみのサービスぐらいはしてもバチは当たらないと思いますよ。

『観念運動』は、ネガティブな行為が常習化・常態化しているときにも起きます。たとえばドメスティック・バイオレンスなどがそうで、怒りが抑えられなくなると暴力を振るってしまいます。それが習慣化して、常に手が出るようになってしまうのです。

しかし、そんな『観念運動』は願い下げにしていただきたいものですよね。

# 人の名前が覚えられない理由と覚えるコツ

「歳のせいか、なかなか人の名前が覚えられない」
「毎日会う人なのに、なかなか名前が出てこない」

このように、顔はわかっているのに肝心《かんじん》の名前が浮かんでこないことって、多くの人が経験することです。

名前が出てこないのは、「年齢とともに記憶力が低下するから」と思い込んでいる人が多いもの。でも、最近の研究では、**年齢と記憶力の低下はあまり関係ない**といわれています。

実は、**「歳をとったら物覚えが悪くなる」という思い込みこそが、ものを覚えようとすることを妨《さまた》げている**ようなのです。思い込みがあるので、脳が覚えようとしてくれないのです。

また、人は年齢とともに物事に対する興味や、何かをしようとか何かを調べようという好奇心がだんだんなくなっていきます。億劫《おっくう》になるんですね。すると、次第に脳は使われなくなります。それが、物忘れや物覚えの悪さの原因になるともいわれています。

**脳は使えば使うほど、年齢に関係なくどんどん発達する**という研究結果も出ています。つまり、名前が出てこないのを歳のせいにして、覚えようとする努力を怠《おこた》ってしまうのが、名前を覚えられない原因だということ。

では、どうすれば覚えられるのでしょう。

アメリカの心理学者ケネス・ヒグビーが、記憶を脳に定着させるための7つの方法を提唱しています。

**①有意味化**

なぜ名前が思い出せないかというと、名前自体は何も意味を持たないからです。つまり、意味を持たせれば思い出しやすくなるということ。たとえば、「藤原」なら「大化《たいか》の改新《かいしん》の立役者の、あの藤原さん」と意味を持たせるのです。

**②組織化**

バラバラな情報や知識は、ルールに則ってまとめたり、系統立てたりすると覚えやすくなるもの。クイズの得意な人は、たとえば「徳川将軍家の15人」「日本人宇宙飛行士」のようにインデックスをつくって、まとめて覚えてしまいます。

**③連想**

新しい知識だけを覚えるより、すでに知っている知識と組み合わせたほうが覚えやすいもの。政治家には世襲《せしゅう》議員が多いので、「あの○○議員の息子の……」というふうに覚えると、この方法が活用できます。

**④視覚化**

人間の脳は、文字より映像のほうが記憶に残りやすいようにできています。「斉藤」なら「『斉藤さんだぞ』とギャクを飛ばす芸人」と視覚化しましょう。

**⑤注意**

注意を向けた対象は覚えやすいもの。「会議で大ボケをかました○○さん」などと、注目したエピソードと一緒に覚えるのもいいかもしれません。

**⑥興味**

興味のあること、好きなことは覚えやすいもの。好きになった人の名前なら、すぐに覚えますし、忘れませんものね。

**⑦フィードバック**

名前を覚えられないのは、自己紹介の際に一度しか耳にしないのも理由のひとつ。覚えたいのなら、その人と会話をするたびに、何度も相手の名前を意識して呼ぶことで、頭に刻みつけましょう。

この『ヒグビーの理論』、いわれてみればそうだよねというものばかりですが、実践してみれば効果のほどがよくわかります。実践しやすいものから、試してみてはいかがでしょう。

# 2章

# 世の中が「そうなっている理由」が、手にとるように見えてくる！

## なぜ、あんな真面目な人も、ハロウィンだとハジけるのか

ハロウィンパーティーは、毎年恒例のイベントとして、すっかり日本に定着した感がありますが、西洋の行事がこんなに日本人の心をとりこにしたのには理由がありそうです。

そのひとつが、自由に思い通りに**『ペルソナ』**を付け替えることができること。

『ペルソナ』とは、元々はラテン語で、**「仮面」**という意味。

古代ギリシャでは、俳優はこの仮面＝ペルソナを使い分けて、何人もの役を演じていたといいます。

それに触発された心理学者のユングが、このペルソナを**「人が他人に対して付ける表向きの顔」**を意味するものとしたことで、心理学の世界でもよく使われるようになりました。

人は誰しもペルソナを付け、また付け替えて生活をしています。

たとえば、昼間は真面目なビジネスパーソンの仮面を付ける。

しかしアフターファイブには、陽気なエンターテイナーの仮面に付け替える。

そして帰宅したら、優しい父親や母親の仮面に付け替えるといった具合。


ペルソナの付け替えは、私たちが社会で生きていく上で必要不可欠なもの。

でも、中にはこれを付け替えるのが苦手な人もいます。

たとえば、会社で威張《いば》っている社長さんが、そのペルソナのまま家庭でも社長然とした態度をとって、家族に嫌な思いをさせてしまうというのも、その一例。

その一方で、人に気を使いすぎ、忙しくペルソナを取り替える人もいます。そうなると、あまりにペルソナの数が増えすぎて、本当の自分というものをなくしてしまう恐れが出てきます。


そんな〝ペルソナ疲れ〟している人たちにとって、ハロウィンパーティーは福音《ふくいん》になっているのかもしれません。

というのも、ハロウィンの仮装はそのときだけ〝なりたい自分〟になることができるから。

**人は、服装が変わると、自然とそれに合った行動をするようになります。**心理学では**『役割効果』**と呼んでいますが、仮装をするだけでその効果が働いて、不思議と立ち居振る舞いが変わってきます。

日本人に多い、恥ずかしがり屋のペルソナしか持っていないタイプの人でも、役割効果が働けば、大胆になれます。

それは、一度でも仮装をした人なら体験済みでしょう。

ハロウィンの仮装は、自由自在にペルソナを付け替える訓練にもなるんですね。

ハロウィンが日本に定着したのは、その意味でも必然だったのかもしれません。

# 政治家や専門家が、難しいカタカナ用語を使いたがる心理

「ワイズスペンディング」

「サスティナブル」

「ダイバーシティ」

最近よく耳にするこれらのカタカナ用語の意味は、順に次のような意味で使われているようです。

「賢い支出」

「持続可能性」

「多様性」

どれも日本語で言ったほうがわかりやすいんじゃないかと思いますが、政治家や専門家は、わざわざこうしたカタカナ用語を使いたがります。

それは、**そのほうが知的で、いかにも専門分野に精通《せいつう》しているように聞こえるから**

なのでしょう。

カタカナ語にそのような効果があることに着目して、面白い用語をつくった人がいます。それが、日本有数のパロディストであり小説家でもある清水義範《しみずよしのり》氏。

その名も『**ジンクピリチオン効果**』。

**これは、「なんか凄そう！」という言葉によって、聞く人に〝素晴らしいもの〟〝良いもの〟だと思わせてしまう効果のことなんだとか。**

この〝なんか凄そう〟な効果名の由来がまた面白い。

ジンクピリチオンというのは、あるメーカーのシャンプーにかつて配合されていた防腐剤《ぼうふざい》のこと。その聞いたこともないような化学名をCMで聞いた消費者の多くが「これはなんか凄そう！」「効きそうだ！」と飛びついて、バカ売れしたのだとか。

そこから名を取ったというんですから、パロディストの面目躍如《めんもくやくじょ》といったところ。

この造語、人間の真理をついているので心理学の世界でも大いに使われています。

確かに効果は絶大。もちろん、使いすぎると逆効果にもなりかねません。何事もほどほどが肝心ということですね。

## バラエティ番組の〝ガヤ芸人〟には役割がある

テレビのバラエティ番組で、スタジオのひな壇《だん》に、大勢の芸人さんたちが並ぶようになったのはいつ頃からでしょう。彼らは〝ガヤ芸人〟と呼ばれています。

彼らの役目は、司会者の発言にツッコミを入れたり、ボケに回ったり、リアクションをとったり。芸人の個性によって、ポジションが割り当てられている感じです。

そんな彼らの大切な役割がもうひとつあります。それは、手を叩《たた》いて大笑いすること。そうすることで、テレビを見ている私たちも、思わず笑ってしまうからです。

それを心理学では**『ミラーリング』**といいます。

私たち人間は社会的な生き物です。だから、他人と関わり共感し合える能力が備わっています。**人の行動を鏡のようにマネてしまうこの行為も、相手と共感したいために私たちが無意識にやること。**

そのために、脳には**「ミラーニューロン」**という特殊な神経細胞があります。

これは、**人の行動を無意識にマネてしまう細胞。**これがあるおかげで私たちは、人が大笑いするのを見て思わず笑ったり、泣いているのを見て自分も涙したりするのです。

私たちが人に共感できるのは、この細胞のおかげといっても過言ではありません。ハードなアクション映画を観終わった後、自分もアクションスターになったような気になって思わず足を蹴《け》り上げたくなるのも、ミラーニューロンの働きによるもの。

この細胞が働くので、テレビの中の芸人さんたちが笑っていると、たとえ繰り出されたギャグがそれほど面白くなくても、私たちはつい笑ってしまうのです。特に、ご贔屓《ひいき》の芸人さんだと、共感したいという欲求が働くのでなおさらです。

笑えば楽しくなりますから、どんどん番組に引き込まれていくというわけです。

だから、ひな壇に座っている芸人さんたちは、大袈裟《おおげさ》なほどバカ笑いするのです。

なのに笑えないとしたら、それはあなたがその芸人さんが苦手だからかもしれません。共感できない人が笑っていても、ミラーニューロンは正直なので、ぴくりとも反応しませんから。

## 女子高生が次々と ふしぎな言葉をつくり出すわけ

流行の発信源として、女子高生が注目されるようになって久しいですが、そんな彼女たちが得意とするのが符丁《ふちょう》（隠語《いんご》）づくり。

今ではすっかり定着した「インスタ映え」「K・Y（空気が読めない）」なども彼女たちがつくり出し、瞬《また》く間に流行語になった言葉です。

元々、符丁というのは〝仲間内の合言葉〟。

仲間ではない人には理解できない言葉です。それだけに、**符丁を使うことで仲間意識が高まる**というメリットがあります。

つまり、「激おこ」とか「まじ卍《まんじ》」などといった符丁を仲間同士で使っているうちに、とんどん親密度が増してくるのです。

彼女たちがヘンテコな符丁をたくさんつくり出すのは、それだけ友人との絆《きずな》を強めたいという思いの表われかもしれませんね。

まあ、仲間外れにされた大人たちは、チンプンカンプンで頭をかかえることになってしまうのですが、ただ傍観しているだけではつまらないですよね。私たち大人も、仲間意識を高めるコツを学びたいものです。

大人でも難易度が低いのは、彼女たちのように友人をニックネームで呼ぶこと。

社会心理学に**『近接性《きんせつせい》の法則』**というのがあります。

たとえば、「名字に〝さん〟付け」よりも「名前に〝さん〟付け」のほうが、また、「名前に〝さん〟付け」よりも「名前に〝ちゃん〟付け」のほうが、もっといえば**「名前に〝ちゃん〟付け」よりも「あだ名」のほうが近接性が高まる**ことがわかっています。

あだ名で呼ぶほうが相手との距離が縮まる、つまりより親しくなれるということ。

呼び方と心の距離感は、リンクしているんですね。

# 薬局の店員はなぜ、医者でもないのに白衣を着ているのか

ドラッグストアのカウンターの向こうには、白衣《はくい》を着たスタッフがいます。

彼らが白衣を着ているのは、薬剤師《やくざいし》の資格を持っているから。

でも、白衣を着ている人全員が薬剤師の資格を持っているかというと、そうとは限らないようです。

その証拠に、お客が医薬品をレジに持っていくと、「少々お待ちください」と言って、別の白衣の同僚を呼ぶ場合があります。つまり、その人は薬剤師の資格を持っておらず、呼ばれた白衣の同僚が薬剤師だということ。

もっとも、２００６年から「登録販売者」という資格が誕生したおかげで、それを取得した人なら、医薬品の一部は薬剤師でなくても販売できるようになりました。

ドラッグストアで扱う医薬品は、90％以上が第２類・３類の医薬品だといいます。登録販売者はそれらを扱える資格ですから、以前ほど薬剤師を呼ぶ必要はなくなった

と思われます。

薬剤師にお願いするのは、第1類の医薬品だけ。そういった医薬品はたいていカウンターの向こうに陳列《ちんれつ》されていて、お客が自由に触れることができないようになっています。棚に並んでいても箱だけで中味がない商品も、第1類と考えていいでしょう。

つまり、ドラッグストアには薬剤師と登録販売者と、経験はあっても資格はないスタッフの3種類の人がいるということ。

なのに、なぜ全員が白衣を着ているのかといえば、お客側に**『ハロー（後光《ごこう》）効果』**が働くからです。これは、**人が物事の評価を決定するとき、その評価がある特徴によって大きく変化してしまう現象**のこと。

白衣を着ているだけで、お客は「この人は医療に関係する人なんだな」「専門知識があるのだろうな」と思えるので、安心して買うことができるのです。

もちろん、効果は白衣を着ている人にも働きます。白衣を着ていれば、自分は医薬品を扱う人間であるという自覚が生まれますから、たとえ資格がなくても、それ相応の知識を身につけて対応をしようという気持ちになるのです。

## 芸能人、実物を間近に見ると、意外と「身長が低い」ふしぎ

芸能人など有名な人を街で見かけた経験のある人が、異口同音《いくどうおん》に口にするのが「思っていたより背が低かった」です。

テレビで見ていると背が高く見えるのに、実際に会ってみるとなぜ、有名人は背が低いことが多いのでしょう。

これにも、前項で紹介した『**ハロー効果**』が働くからだと思われます。

これは、**ある特定の項目で評価が際立っていると、他の評価項目にもそれが影響すること**をいいます。

たとえば、こんなふうに思ったことはないでしょうか。

- 東大を出た人は、いい会社に入って高収入を得ているに違いない
- 英語ができる人は国際感覚が優れている

## 芸能人はおしゃれだ

どれも、冷静に考えれば必ずしもそうではないことは明らかです。

この『ハロー効果』で興味深いのは、**あることで評価の高い人は、身長が実際より高くイメージされる**ということ。

オーストラリアン・ナショナル大学のポール・ウィルソン教授は、心理と身長の関係を示す興味深い実験を行なっています。

学生たちに、「これから〝教授〟がやってくるが、彼の身長は何センチだと思う？」と尋ねると、平均で184センチと答えたのに対して、「これから〝学生〟がやってくるが、彼の身長は何センチだと思う？」の質問には、平均で177センチと答えたというのです。

**人は、相手に権威を感じた場合は、身長を高く判断する**ということです。

それと同じ錯覚現象が、憧れの対象である芸能人にも現われるのでしょう。

だから、「あれ？　意外と……」と思ってしまうのでしょうね。

# なぜ芸能人は、マスコミに狙われているのに不倫をやめない？

「人のふり見て我がふり直せ」

よく耳にすることわざです。他人の姿、やっていることを見て、自分の行ないを改めようという意味の言葉ですが、これが「言うは易《やす》く行なうは難《かた》し」で、なかなか難しい。

ワイドショーをにぎわす芸能人の不倫スキャンダルにしても、あれだけマスコミが狙《ねら》っているのだから少しは気をつけるかと思ったら次々にボロを出す人が現われます。

不倫を擁護《ようご》するわけではありませんが、なぜあんなにも脇《わき》が甘いのでしょう。

それはどうやら『**感情移入ギャップ**』という言葉で説明できそうです。

これは、**冷静なときには、感情が高ぶったときの自分がどのような行動をとるかを、想像することができないこと**を表わす言葉。

意気揚々《ようよう》とクイズ番組に出て、初戦敗退した芸能人がよくこんなことを口にするの

も、この心理が働くせいだと思われるのです。

「家で見てるときは、いつも全問正解なんだけどなぁ」

おそらくそういう人は、スタジオで極度の緊張状態にいる自分をまったく想定できず、感情移入できていなかったのでしょう。だから、本番で実力を発揮できない自分に首をかしげることになってしまうわけです。

不倫の証拠を突きつけられてあわてる芸能人も、他人のスキャンダルを報道で見ていたときは**「自分はあんなヘマはしない」「自分は抜け目なくやっている」**と余裕しゃくしゃくだったはず。

いざというときに、自分がどんな行動をとるか想像できないからです。まさか自分が、スポーツ新聞や週刊誌のトップ記事になるとは夢にも思っていない。

ですから、脇も甘くなるし、スクープ写真を撮られてしまって初めて、あわてふためくことにもなってしまうのでしょう。

もちろん、この『感情移入ギャップ』が働くのは、芸能人だけではありません。ワイドショーを見て笑ったり、ため息をついたりしている私たちも同様です。

「人のふり見て我がふり直せ」を肝《きも》に銘《めい》じて、我が身を律《りっ》したいものです。

# スポーツ選手が試合中に発する、あの「奇声」の効果

テレビのスポーツ中継を見ていると、奇声《きせい》を発する選手をよく見かけます。しとやかそうに見えるテニスの女子選手が、サーブを打つたびに発する奇声には驚かされますし、試合場に足を踏み入れる直前の空手選手の奇声には「やるぞ！」という意気込みを感じます。

こうした、スポーツをしているときに発せられる奇声のことを、スポーツ心理学では**『スポーツ・オノマトペ』**といいます。

このスポーツ・オノマトペが、選手のパフォーマンスの向上につながることは、スポーツ心理学や運動生理学の面からも確認されています。

中でも注目されているのが**『シャウト効果』**。

これは、**声を出すことによって、最大努力時の筋力が増加する**というもの。

私たちの筋肉には、筋力を制御《せいぎょ》するリミッターがついています。制御せずに力を入

れすぎると、筋細胞がダメージを受ける危険性があるからです。

そのリミッターを緩ませるのが、大声。**選手は、叫ぶことで運動制御の抑制レベルを下げ、筋肉を限界まで使えるようにしている**のだとか。

ボクサーや空手の選手が、パンチや拳《こぶし》を繰り出す瞬間に「シュッ」「ハッ」といった音を口で出すのも、この効果を期待してのものなのでしょう。

叫ぶ効果は、他にもあります。

自分自身に声をかけることで、〝勇気づける〟〝精神的なゆとりを与える〟〝理想的なパフォーマンスを実現させる〟などといったプラスの効果も期待できます。

また、**大声を出すと、脳の「ものを考える部分」の働きが低下するため、余計なことを考えずに試合に臨むことができます。**

試合前になると、様々な不安に襲われるもの。それが、声を出すことで試合だけに集中できるというわけです。

もちろん、観客の声を限りの応援が、選手を後押ししてくれることは、いうまでもありません。

## 逆境に置かれていた選手が、感動のドラマを起こすわけ

スポーツ、特にマラソンや駅伝では、長丁場《ながちょうば》なだけに解説のアナウンサーが選手の出身地から家族構成、これまでの戦績やコンディションまで事細かに教えてくれます。

試合を盛り上げるためでしょうか、故障上がりの選手には余計に熱がこもります。

「疲労骨折を経験した○○選手は、この1年大変苦労してきました。コンディションが上がらず、何度も心が折れそうになったといいます。その苦難を乗り越えた○○選手、さあ、いよいよ正念場です！」

そんな熱の入ったアナウンスが功《こう》を奏《そう》したのかどうか、その選手が予想外の力を発揮して好成績を上げ、大喝采《だいかっさい》をあびることは、スポーツではよくあること。

逆に、その励ましが裏目に出たのか、失速してさんざんな成績で終わることもまたよく見られます。どちらにしても、コンディションの悪い選手が、ドラマチックな展開を生み出しやすい存在であることは確か。

なぜ、そういう選手は良くも悪くもドラマを起こしやすいのでしょう。

その要因のひとつは、選手に**『セルフ・ハンディキャッピング』**という心理が働くからだと思われます。

これは、試験前になると、勉強そっちのけでつい部屋の掃除を始めてしまったり、普段なら絶対しないような用事をせっせとこなしたりするなど、**自分にハンディキャップを課《か》すことで、失敗したときの言い訳をつくってしまうこと**を指す心理学用語。

ですが、この心理は前述の選手のように、実際にハンディキャップを負《お》ってしまったときにも働きます。

もし失敗したとしても、そのハンディキャップによって自分への評価の低下は最小限になることが予想できます。一方、もし成功したときには、ハンディキャップを乗り越えた自分への評価が大きく上昇することが期待できます。

どちらにしても**ハンディキャップが自分に有利に働くので、プレッシャーから解放されて普段以上の力が出ることがある**のです。もちろん、力を出せずに悲劇の主人公になってしまうこともありますが、展開がドラマチックになるのは確かですよね。

## 地味だったアイドルが どんどん綺麗になっていく理由

世の中はアイドルだらけ。テレビで活躍するアイドルがいると思えば、小さな劇場で頑張る「地下アイドル」もいて、地方は地方で「ご当地アイドル」が大奮闘しています。

これだけたくさんいると玉石混淆《ぎょくせきこんこう》かと思いきや、どのアイドルたちも最初は地味でも、ステージをこなすうちにどんどん綺麗《きれい》になっていきます。

それはもちろん、当人たちのたゆまぬ努力の成果なのでしょうが、心理学的にはもうひとつ、綺麗になる理由が考えられます。

それが**『ピグマリオン効果』**。

これは、**「人は期待されればされるほど、その期待通りの結果を出しやすい」という心理現象**。アメリカの教育心理学者ロバート・ローゼンタールによって提唱された理論です。

博士は、教師の生徒に対する期待や態度が、生徒たちの知能や学習の意欲に大いに影響を与えることを実験で確かめた人。

「お前は伸びる子だぞ」と期待して声をかければかけるほど、生徒もその期待に応えて成果を出してくれるということです。

ちなみに、ピグマリオンは、ギリシャ神話の登場人物。『ピグマリオン効果』は、自分のつくった彫刻《ちょうこく》に恋をしたピグマリオンが、神に祈りを捧《ささ》げて彫刻を人間にしてもらい、幸せに暮らしたという逸話《いつわ》に由来しています。

つまり、ファンが熱心に応援すればするほど、そして「君なら将来絶対センターに立てるよ！」と期待して声をかけるほど、アイドルたちもその気になって、歌も踊りも上手になり、そしてステージ映えするように綺麗になっていくということ。

そういう意味でも、アイドルはファンあっての存在といえます。ファンがいなければ、アイドルたちはあんなにも輝くことはできないのですから。

アイドルが握手会でファンと交流を持つのは、感謝のためであるとともに、面と向かってほめてもらうことでどんどん綺麗になれるという、一石二鳥の行為といえるのかもしれませんね。

# 男子トイレの便器に描かれている蝿の絵の、凄い効果

サッカーの日本代表チームがワールドカップの出場を決めたときに、有名になったのが、のちに「ＤＪポリス」と呼ばれることになる、警視庁機動隊《きどうたい》の皆さんでした。渋谷駅前のスクランブル交差点は、熱狂するファンで大騒ぎ。その交通整理のために投入されたのが警視庁機動隊でした。

そのとき、拡声器から流れてきたのは「皆さんは12番目の選手。日本代表のようなチームワークでゆっくり進んでください」というソフトなアナウンス。

ユーモアをまじえたその誘導に、サッカーファンは共感、素直に指示に従い、混乱は解消されました。

この誘導方法は、人々の良心にさりげなく訴えて、望ましい方向に導いたとして称賛され、その後も警備のお手本とされるようになったのは記憶に新しいところです。

実はこれ、『**ナッジ理論**』という行動経済学の概念を活用したものだったということをご存じでしょうか。

行動経済学は、経済学に心理学をプラスした学問で、その第一人者であるリチャード・セイラー博士が、２０１７年にノーベル経済学賞を受賞したこともあり、大いに注目を浴びています。

その博士が提唱しているのが『ナッジ理論』で、ナッジとは**「肘《ひじ》で相手を軽くつつく」**という意味。

ＤＪポリスのように、**強制するのではなく、人々を自発的に望ましい方向に誘導する仕掛けや手法のこと**をいいます。

女性の読者はご存じないかもしれませんが、男子トイレの小便器には、お小水がかかる側面に「蠅《はえ》」が描かれたものがあります。

使用者は無意識にその蠅をめがけておしっこをするので、床への飛び散り率が大幅に低下するのだそうです。

実はそれも、「汚さないでください！」と強制するのではなく、使用者の心理を巧みに利用する、『ナッジ理論』のちょっとユーモラスな活用例なのです。

## クイズ番組が何十年もすたれずに人気を保っているわけ

テレビで根強い人気があるのが、クイズ番組。どのチャンネルに合わせても、クイズ番組をやっているときがあるほどです。

興味のない人からすれば、「頭のいい人がクイズに答えているのを見て、何が面白いんだろう」と首をかしげてしまうかもしれません。

でも、人気があるのにはそれなりの理由がありそうです。

クイズ番組の楽しみのひとつは、答えがひらめいたときの、あの快感でしょう。

古代ギリシャの科学者アルキメデスが難問に答えが出たとき、**「エウレカ（わかったぞ）！」**と叫んで、入っていたバスタブから飛び上がったというのは有名な話です。

天才さえも歓喜《かんき》させてしまうのは、**難問を解いたときには、脳の前頭前野《ぜんとうぜんや》に大量のドーパミンが分泌《ぶんぴつ》されるから**だといわれています。

ドーパミンは、脳に快感を覚えさせ、私たちをやる気にさせ集中力を高めさせる〝報酬系〟と呼ばれる神経伝達物質です。視聴者にしたら、答えがわかると快感を覚える上に、ますますやる気と集中力が高まるのですから、番組のとりこになっても不思議ではありません。

けれど、視聴者がいつも答えがわかるとは限りません。視聴者としては、頭のいい解答者が次々に難問を解いていくのを見ている時間のほうが長いというのが実状かもしれません。それなのに、なぜ番組を見続けてしまうのでしょう？

それは、**『代償《だいしょう》』**と**『同一視』**の心理が働くから。

『代償』とは、**自分の欲求が満たされないとき、代わりの人に期待することで自分の欲求を満足させる心理。**『同一視』とは、**自分が期待する人に自分を同化させて見ることで、あたかも自分が何かを達成したように感じて満足する心理**です。

つまり、解答者が答えるのを見て、まるで自分が答えたような気になるということ。

そう錯覚しているので、ちゃんと快感ホルモンは出ます。

こうした心理をふまえると、クイズ番組がすたれずに人気を保っているのも納得ですね。

# 警報が鳴っても避難まではしない人が、○割もいる?

突然、テレビやスマホから緊急地震速報の警告音が鳴り始めると、誰もがドキッとします。

「あの音を聞いただけでゾッとする」

「夜中に鳴ったのを聞いて、眠れなくなった」

など、効果は絶大のようです。

でもその割に、あの警告音を聞いて避難までする人はあまりいないようです。

災害心理学の専門家である広瀬弘忠氏によると、日本では緊急地震速報が出た際の避難率は10%にも届かない低さなのだとか。

なぜ人は恐怖を感じても、すぐに逃げ出すまではしないのでしょうか。

それには**『正常性バイアス』**という心理の働きが関係しているようです。

正常性バイアスの「バイアス」は**偏見、先入観**といった意味。

正常性バイアスとは、**多少の異常事態が起こっても、それを正常の範囲内としてとらえ、心を平静に保《たも》とうとする働きのこと**をいいます。

これは、人間が日常生活を送る中で、様々な事態に心が過剰に反応し、疲れてしまわないために備わっている心の働きです。心のブレーキのようなものでしょうか。

けれど、この働きの度が過ぎてしまうと、緊急の警報が鳴るような本当に危険のある可能性が高い場合でも、それを異常と認識せずに、ブレーキを踏んだままの状態になってしまいがちなのです。

「大したことはないんじゃないか」「きっと、すぐに解除されるさ」と、何の根拠もなく、決め込んでしまうのです。

津波のときもそうでしたが、最近よく起こる火山の噴火の際にも、同じような心理が働いてしまう可能性があります。

噴火という危険な状態に接しても、「まだ大丈夫だろう」と、立ち上る噴煙《ふんえん》をスマホで撮影していたりして、避難が遅れてしまうことも起こり得ます。

そんな正常性バイアスの危険性を、私たちは普段から意識しておきたいものです。

## ソムリエのワインの表現が、いまひとつ私たちに伝わらないわけ

ワインソムリエといえば、ワインの香りを不思議な言葉を並べて表現する人、という印象を持つ人も多いかと思います。

実際、ソムリエの人たちは、ふしぎな表現でワインの香りを説明してくれます。「チョコレートのようなビターな香り」「森の下草《したくさ》の香り」「粉っぽいタンニンの香り」などはまだ序《じょ》の口で、「なめし革の香り」「濡《ぬ》れた子犬の香り」となると、どんな香りだろうと首をひねってしまいそうです。

元々、テイスティング用語はフランスで生まれたもの。ですから、私たち日本人になじみのない表現が多いのは確かです。

それを差し引いても、私たちが首をかしげてしまうのは、『**言語隠蔽《いんぺい》効果**』が働いてしまうからかもしれません。

これは、**色や味、臭《にお》いなど言葉に表現しにくいものを、あえて言葉に置き換えると、その記憶が歪《ゆが》んでしまう現象**のこと。

この効果は、人の顔を覚える際にも起こるようです。人の顔を覚えるときに、顔の特徴を言葉にしてしまうと、この効果が働いて記憶が歪むというのです。

「髪は七三分けで、額《ひたい》が広くて、メガネをかけていて、鼻筋が通っている人」

そんなふうに言葉にしてしまうと、パーツだけが強調されて、全体像がよくわからなくなってしまうようなのです。

この現象を実験で証明した、名古屋大学の北神慎司《きたがみしんじ》准教授によると、犯罪捜査でもこの効果が働きやすいので、目撃者に犯人の顔の特徴を言葉で証言させる場合には注意が必要なのだとか。

もし証言のとり方を間違えると、誤認《ごにん》逮捕などの問題が生じる原因にもなります。

お店の料理をレポートする、いわゆる「食レポ」番組をよく見かけますが、下手に細かく言葉にするより、彦摩呂《ひこまろ》さんのように「◯◯の宝石箱や～」と全体像を表現するほうが、視聴者にはかえって想像しやすいのかもしれませんね。

# マジシャンが、観客を簡単に手玉にとってしまうのはなぜ？

マジックの世界は奥が深いですし、そのパフォーマンスの数々には、いつ見ても驚かされてしまいます。

あれにはどんな仕掛けがあるんだろうと、頭は「?」マークでいっぱい。マジシャンってよほど手先が器用なんだなと、感心することしきりです。

ところで、マジシャンが何かを消したり出現させたりすると、あれはマジシャンが素早く手を動かしてやっているのだろうと思ってしまいますが、プロのマジシャンによると、実はそうでもないらしいのです。

というのも、いくら手を早く動かしたところで、目が追えないほど早く動かすことなどできないから。

マジシャンが何か不思議なことをするときは、実はある有能な助手に手伝ってもらっているのだそうです。

伝説的マジシャン、ジョン・ラムゼイ（1877―1962）はよくこう言ったそうです。

「私は1人で仕事をしています。しかし、私には見えないアシスタントがいるのです。彼女の名前はミス・ディレクションです」

これは彼一流のジョークで、「ミス」は付いているものの、女性のアシスタントではありません。ミスはミスでも「失敗」のほうのミスなのです。

**『ミスディレクション』**は**「誤導《ごどう》」**とも訳されていますが、**観客の注意や視線を、注目されると都合の悪い部分からそらす技法のこと**をいいます。そして、これこそがあらゆるマジックにおいて基本となる重要な技術なのだそうです。

ミスディレクションのポイントは、**相手の〝不注意による見落とし〟**を誘うこと。積極的にマジシャン側が小細工するのではなく、観客が勝手に都合の良い誤解をしてくれるよう誘導するテクニックなのです。

ラムゼイは次のような言葉も残しています。

「もし観客に何かを見てもらいたいと思ったら、あなた自身がそれを見なさい」

「もし観客にあなた自身を見てもらいたいときは、あなたが彼らを見なさい」

これは、視線を使ったミスディレクションの真髄《しんずい》を表わす言葉です。

**マジシャンは、観客の注意を引きたい部分を自ら見て、見てほしくない部分には気づかせないために、そちらは一切見ない**というのです。

もし手元を見られたくないのであれば、観客のほうに視線を移し、観客の顔を見たり、観客の顔を見たまま何かを話しかけたりします。

そうすることで、観客もマジシャンの顔を見てしまいます。その瞬間にマジシャンはさり気なく、けれど堂々とトリックを仕掛けるわけです。

こうしたミスディレクションは、人間の心理の裏をかくという意味でとても心理学的なので、心理学用語としても使われているほど。

もうひとつ、**「観客の視線は、動くものに集中する」**という心理法則があります。

たとえば、ボールを右手から左手に渡したフリをして、実際には右手に残しているとします。このときマジシャンは、握った左手をわざと動かして、観客の意識をそちらに集中させます。そして、観客が目をそらして見逃しているうちに、右手のボールをそっとポケットにしまってしまうのです。

注目していないのは、「見えていない」のと同じです。それは、目の前にスマホがあるのに、「そこには置いたはずがない」と思い込んでいると、探していても気づけないのと同じ。

マジックショーを見ているとき、マジシャンのミスディレクションによって、私たちは一部の情報だけに注意を向けさせられています。

その間にまんまとトリックを仕掛けられてしまうので、私たちはびっくり仰天してしまうというわけです。

# この現代の世に、心霊写真はなぜ存在する？

　暮らしの中で、ふと目に入ったものが顔に見えて、思わず目がくぎ付けになった経験はありませんか？

　たとえば、木の節《ふし》が顔に見えたり、野良猫の毛の柄《がら》に顔があるように見えたり。

　それは、**点が3つあると顔と認識してしまう『シミュラクラ現象』**によるものです。

　3つの点が逆三角形に配置されていると、脳は「これは人の顔だ」ととらえるような仕組みになっているのです。

　かつて話題になった人面魚《じんめんぎょ》も、頭の部分にある3つの斑点《はんてん》が顔に見えたものでしたし、火星で発見された巨大な人面岩も同様のものでした。

　テレビや雑誌などで紹介される心霊写真の多くも、この『シミュラクラ現象』で説明がつくものでした。

人間の視覚って、正確にものをとらえているようで、実は結構いい加減なのです。

そのいい加減さをうまく活用したのが、私たちがメールのやりとりなどでよく使う〝顔文字〟かもしれませんね。

笑い顔、泣き顔、困った顔、呆《あき》れた顔など、様々な顔が記号だけでつくられていて、今や海外でも使われているようです。新しい日本の文化といってもいいかもしれません。

この『シミュラクラ現象』に似ている目の錯覚に、『**パレイドリア現象**』というものもあります。

空に浮かぶ雲の形が鯨《くじら》に見えたり羽ばたく鳥に見えたり、なんでもない天井のしみが人の姿に見えたりしたことがあると思いますが、それが『パレイドリア現象』。**目に映っている対象が、実際とは違って知覚されること**をそういいます。

心霊写真などで、もやっと写っている物体が人の形に見えたりするのもその一例。

人間はそういうものが見えるからこそ創作意欲がわき、小説やファンタジーを生み出すことができたのかもしれません。

そう考えると、こうした現象を一笑《いっしょう》に付《ふ》すわけにもいきませんね。

# 3章

# 「買いたくなる」心理は、こうして仕組まれている？

# スーパーでは1円をケチる人が、休日には豪華なランチを食べるわけ

私たちの金銭感覚は、矛盾《むじゅん》に満ちています。

スーパーで買い物をするときは1円単位で値段をチェックし、1円でも安いとなれば自転車で遠出をするのも厭《いと》わないのに、その一方で2000円もするランチに気前よくお金を払ったりします。なのに、自分では整合性はとれていると思っているし、金銭感覚がおかしいんじゃないかといちいち頭を悩ませることもありません。

そうした矛盾に満ちた行動に光を当て、研究するのが行動経済学という分野です。

これは、経済学と心理学を合体させたような学問で、研究者がノーベル賞を受賞するなど、近年とても注目されています。

従来の経済理論ではとらえきれなかった私たち人間の〝非合理性〟に着目しているのが、その特徴。

そこで最近よく耳にするようになったのが、『**メンタルアカウンティング**』という用語です。

これは、**人がお金に関して、時に不合理な判断をしてしまうという心理**を表わす言葉。**『心の会計』**とも呼ばれています。

たとえば、朝から競馬場に出かけてレース全部を外してしまった場合、最終レースで、人はどういう賭《か》け方をすると思いますか？

合理的に考えれば、本命を買って少しでも損失を防ぐのが得策でしょう。でも、そんな人は少数で、多くの人は、それまでの負けを取り戻そうとして〝大穴《おおあな》〟を狙ってしまうのです。これもメンタルアカウンティングのなせるわざ。

普段はしまり屋さんの人も、おしゃれな高級なレストランだと「ここでディナーを食べたら1万円はする。それがランチなら2000円よ！」と思っただけで、心の財布のヒモがゆるんでしまうのでしょう。

でも、すべてを合理的に考え行動してしまっては、味気なくなってしまいます。それに、大地震などの災害が起こったとき、自分の仕事を投げうって被災地へボランティアに駆けつけられるのも、ある意味非合理な人間だからこそ、できる行為なのですから。

# ブランド品は、高価なものほどよく売れる？

世の中には、高ければ高いほど売れる商品があります。

そのひとつがブランド品。

ブランド品というだけで、同程度の商品よりも、ひとケタ高い値段が付けられているものも見かけます。それはブランド料が上乗せされているからです。

それでも、人はブランド品を買いたがります。

それは、**『ヴェブレン効果』**が働くから。

これは、**商品の価格が高ければ、それを手に入れることに特別な消費意識や欲求が働く効果**をいいます。元は経済用語ですが、人の心理をよく表わす言葉として心理学でも使われています。

なぜそんな効果が働くのかといえば、人は周囲からの羨望《せんぼう》のまなざしを意識して商品を買うことがあるからです。

女性がブランド品を好むのも、そうした心理が少なからず影響しています。ブランド品を持つことで、周りからは羨《うらや》ましがられます。それが優越感につながるのです。

特別な商品を手に入れたという満足感とともに、見栄も張れるのですから、値段は関係なくなります。

いやそれどころか、**希少価値があって高ければ高いほど、それを手に入れたときの優越意識が高まるので、買いたいという欲求が抑えられなくなりがち**です。

なので、ブランド品は値段を下げると、逆に消費意欲を減退させてしまいます。そのブランドに対する特別感がなくなってしまうからです。ブランド品は価格が高いこと自体が商品の魅力、価値となっているのです。

ワインを使った面白い心理実験があるのでご紹介しましょう。

実験は、同じワインを同じグラスに入れ、別々の値段をつけ、愛好家に飲み比べてもらうというものでしたが、ひとつには10ドル、もうひとつには90ドルという値札を付けました。すると、高い値札を付けたほうのワインの満足度が断然高かったのです。

値段が違うだけで、味も違うように感じてしまう。単純なんですね、人間って。

# 「イチキュッパ」の商品が、購買意欲をそそるわけ

最近、よく見かけるのが「１９８０円」、いわゆる「イチキュッパ」の値がついた商品。

「イチキュッパ」というキュッと縮んだような語感もあってか、とっても安いように感じられて、消費者には好評のようです。

１９８０円の商品と２０００円の商品とでは、違いは20円しかありません。なのに、それ以上に安く感じるのはなぜでしょう。

それは、**『端数《はすう》（価格）効果』**が働くからです。

２０００円の価格を１９８０円というように端数にすることで、一番大きい位の「２」を一つ小さな数字「１」にすることができます。その効果は想像以上に大きく、心理的に「安い！」と感じてしまいます。

**人には、数字を左から右に読んで理解する習慣があるので、一番左の数字の変化**

**（2→1）に最も強い印象を受けやすい**のです。

一番右は、0以外では日本は「8」、アメリカなどでは「9」がお得感のある数字として使われています。国によってお得に感じる数字に違いが出るのは、興味深いですね。

また、1980円とキリの悪い数字にすることで、「努力して少しでも安くしようとしてくれたんだ」と消費者は感じます。

確かに、2000円のようにキリの良い数字だと、「価格は適当に決めたのかな？」と思ってしまいますものね。

この端数効果は意外と強力なので、他でも活用できます。

身近に遅刻の常習犯がいるなら、ぜひ『**時間の端数効果**』を使ってみてください。

午後6時に待ち合わせをしたいのであれば、わざと「5時58分」などと微妙な時間を相手に伝えるのです。

たった2分の違いですが、人はよくわからない端数に関心を持ちます。

58分という数字が頭に残って、いつもは10分は遅れる人でも自然と58分を目指して行動してしまいます。ぜひお試しを。

# シーズンが始まる前に流行色が決まっている謎

ファッション雑誌などでよく見かけるのが「今年の流行色はコレ！」という特集記事です。その色を使ったコーディネートが特集されると、私たちはその色に注目してファッションを楽しむようになります。いわゆるトレンドカラーというもの。

その年のトレンドカラーは、実は2年も前から決められているそうです。

決めるのは、「インターカラー（国際流行色委員会）」という、世界14カ国が参加している国際組織。

そこで話し合いが行なわれ、トレンドカラーの方向性が決まるといいます。この組織には日本も参加しています。

日本には「日本流行色協会（ＪＡＦＣＡ）」という組織があり、そこでインターカラーで提案された内容をふまえながら、国内市場のトレンドが話し合われ、正式にトレンドカラーが決定されるという仕組みになっているのだとか。

そして、そのトレンドカラーを元にアパレルメーカーが商品企画を行ない、販売を始めることになるわけです。

でも、ふしぎですよね。流行が始まる前に流行色が決まっているんですから。なぜそんなことになっているのでしょう。そして、なぜ私たちはそれをあまりふしぎに思わないのでしょう。

2年も前から決めてしまうのは、主に大人の事情。既製服《きせいふく》が店頭に並ぶまでには、生地の原材料の調達や作製、ファッションショーの開催、買い付けといった具合に、様々なステップを踏む必要があるからです。

あまりふしぎに思わないのは、**『同調効果』**が働くから。**みんなが右を向いていると自分も右を向かなければならないという意識にさせる効果**のことです。

流行は、公のメディアや権威のある人間が発信する情報に、私たちみんなが乗ってしまうことで発生します。個々の趣味嗜好《しこう》はあまり関係ありませんし、意味も持ちません。

みんながやっているから、みんなが言うから、信用できるメディアが言うからということで簡単に流行してしまうものなのです。

# アパレルショップの店員が、試着をうながすことのメリット

多くのアパレルショップには、試着室が設けられています。

選んだ服をお客に実際に着てもらい、着心地やフィット感を確かめていただくというサービスで、こればかりはネットショッピングではできないもの。

ですから、消費者にとってはありがたいサービスのひとつです。

ありがたいので、試着だけさせてもらって、実際に買うのはネットで、という賢い（前に〝ズル〟を付けたほうがいいかもしれませんが）消費者もいるようです。

でも、アパレルショップのオーナーの皆さん、がっかりすることはありません。応対次第では、そんなお客でさえ買う気にさせる心理テクニックがあるからです。

その名は『**フット・イン・ザ・ドア**』というテクニック。

これは**小さな要求から始めて、要求を徐々に大きくしていって、最終的に本当の要**

**求を承諾しやすくする心理技法**です。

**『イエスセット話法』**とも呼ばれていますが、**小さな要求に何度も同意していると、人は、だんだん断れない心理状態になっていく**のです。

「試着なさってみませんか」

これに応じてもらえればしめたもの。

「いかがですか、着丈はピッタリでしょうか？」

「袖丈は合っていますね」

「せっかくですから、こちらのお色もお試しになってみますか？」

アパレルショップなら、昔から行なわれている声かけです。でも、ネットでの購入も一般的になってきた今のご時世だからこそ、これが効果的。

試着の間、お客を放っておくなんてもってのほかです。

もちろん、試着の合間には「お似合いです」のほめ言葉も忘れずに。

そのような親身な声かけが、好意には好意で返したくなる**『好意の返報性《へんぽうせい》』**の心理も働いて、お客を買わざるを得ない心理状態にさせていくのです。

# なぜ、各社のＣＭに同じタレントばかりが起用されるのか

テレビを見ていると、同じ俳優やタレントが、いろいろなＣＭに起用されているのに気づきます。

タレントＣＭ起用社数ランキングを見ると、1位のタレントは15社もの企業ＣＭに起用されています。

なぜ、どの企業もこぞって、同じタレントをＣＭに起用したがるのでしょう。

それを説明するには、『**連合の原理**』という心理学用語を知っていただく必要がありそうです。

人は無意識に、異なる対象物を心の中で結びつけてしまうことがあります。たとえば、信頼のおける人が商品を紹介したら、その商品の信頼性も高まり、素晴らしい商品だと判断してしまうといったように。

そのように、**全く関係ないと思われる対象物でも、心の中で無意識につなぎ合わせてしまう現象**を、心理学では『連合の原理』と呼んでいます。

CMには、好感度の高いタレントが起用されます。

それは、その高い好感度が『連合の原理』で結びつき、商品の好感度や価値まで上げてくれるからです。

商品の好感度や価値が高まれば、消費者の購買意欲もアップします。そこから得られる収益は莫大《ばくだい》なものになりますから、企業にしてみれば、自社の商品価値を高めてくれる好感度の高い人、できれば好感度ランキングトップの人を望みます。

そうなると、CM制作会社はこぞって同じタレントにCMのオファーを出すことになります。だから、同じタレントがたくさんのCMを掛け持ちすることになる、というわけです。

あなたがもし自分のイメージをもっと良くしたいなら、この『連合の原理』を活用しましょう。相手が好ましく思うものと、自分とを結びつけるのです。

たとえば、相手が花が好きなら、素敵な花束をプレゼントしましょう。そうすれば、この原理が働いて、あなたに対する好感度を一気に高めてくれるはずですから。

# 宝くじ売り場に、行列に並んでまで買おうとするわけ

ジャンボ宝くじが発売されると、当たると噂の宝くじ売り場には、いつも長蛇《ちょうだ》の列ができます。一攫千金《いっかくせんきん》の夢が叶うかもしれない宝くじは、いつの時代も庶民の夢です。にしても、です。どこの宝くじ売り場で買っても当たる確率は同じと思われるのに、なぜ特定の宝くじ売り場で、長い行列に並んでまで買おうとするのでしょうか。

それには、ある心理が働いていると思われます。

それが**『コントロール幻想』**。

これは、**自分ではコントロールできない出来事を、あたかも自分でコントロールできる、あるいは影響を与えることができると思い込む心理**を指す言葉。

「おお、今日は大安吉日だよ。その日に、1等が続出するというこの宝くじ売り場の前を通りかかったのは運命かもしれないぞ。しかも、テレビでやってた『今日の運勢』じゃ堂々の1位だった。これは当たるに違いない。買うっきゃない！」

あなたにも、そんなコントロール幻想が働いたことがあるのではないでしょうか。

そんな幻想を抱いてしまうと、どんなに行列が長くても気にならなくなります。長蛇の列がかえって「当たる」という幻想に対する確信を高めてくれるからです。

こうしたコントロール幻想は、宝くじを買うときばかりに働くわけではありません。自分にぴったりのダイエット法を見つけたときや、初詣《はつもうで》のおみくじで大吉を引き当てたときにも働きます。私たちはおめでたくできているのです。

でも、おめでたいのは悪いとは限りません。

実際、**コントロール幻想を抱きやすい人ほど、ストレスに強く、幸福感も高いという研究結果もある**ほどです。

私たちは自己コントロール感を高く持つことで、将来の見通しを明るく保ち、多少のストレスや逆境には負けない強さを持つことができるのだということですね。

「宝くじ？　あんなの当たるわけないでしょ。バカバカしい」とシラけてしまう人は、逆にストレスに弱い可能性があるのでご用心ください。

# 通販番組の司会者の、妙なテンションの高さのミステリー

夜中のテレビでよく目にするのが、通販番組。

通販番組は、普通の番組とはつくり方がちょっと違います。当然のことながら、商品を売るための番組だからです。そのために、様々な心理テクニックが使われていることをご存じでしょうか。

初めてこの手の番組を目にした人は、妙にテンションの高い司会者にびっくりするのではないでしょうか。実は、それにもちゃんとした理由があります。

**『気分一致効果』**という心理学用語があります。これは、**気分が良いときは考え方や行動が前向きになり、気分が悪いときは後ろ向きになる心理**を表わす言葉。

その効果が働くのは、こぼれそうな笑顔の司会者が、テンポ良く軽快に商品の魅力を紹介し始めたときです。ポンポンと飛び出すお買い得情報を聞いているうちに、見ている側も気分がだんだん高揚してきて、購買意欲がどんどん高まっていくのです。

この効果、パチンコをしたことのある人なら実感なさっているかもしれません。パチンコ店で軍艦《ぐんかん》マーチのようなアップテンポの音楽を流すのも、同じように『気分一致効果』を利用してお客の気分を高揚させ、玉（お金）をどんどんじゃんじゃんパチンコ台に注がせるためだからです。

通販番組が深夜に放送されるのにも、理由があります。

深夜は普通であれば寝ている時間。それだけに脳の機能は低下しています。気分が散漫《さんまん》になっていて、普段ならできるはずの冷静な判断ができにくいのです。

人は冷静な判断によって行動するときには、脳の前頭前野の部分が働きます。一方、本能的な判断をするときには、大脳辺縁系《だいのうへんえんけい》部分が働くようにできています。

つまり、**深夜は、冷静な判断を下す前頭前野が居眠りしているので、本能的な欲求にブレーキがかからない状態だということ。だから衝動買いをしやすいというわけ。**

もし衝動買いをしてしまったなら、商品が届いてからでも遅くありません。冷静に判断できるときに、それが本当に必要で金額に見合うものなのか、ちゃんと確認しておきましょう。

# ネットショッピングの「参考価格」にはご用心

ネットショッピングのサイトでは、よくこんな価格表示を見かけます。

参考価格：¥10000
価格：¥1000
OFF：¥9000（90%）

元の価格10000円の商品が9割も値引きされているのですから、思わずポチッとしてしまいそうです。

でも、この「参考価格」は出品者が任意で入力できるものらしく、中には商品の通常価格より高く設定しているものもあるようです。消費者庁から「消費者に誤解させるもの」として、再発防止命令が出たこともあります。

こうした価格表示はよく見かけるものだけに、私たち消費者も冷静な目を持つ必要がありますが、ついつい誘惑にかられて衝動買いをしてしまうのも事実。

なぜ、こうした手法に私たちは弱いのでしょう。

それは、『**アンカリング効果**』が働くからだと思われます。これは、「**アンカー（錨《いかり》）**」が語源となっている心理学用語。船がその場にとどまるために錨を下ろすように、**特定の情報が強く印象に残ってそれが基準となり、判断に影響を与えてしまうこと**をいいます。

この場合は、10000円がアンカーとなります。それを規準に考えてしまうので、1000円が破格に安いと感じてしまうのです。

アンカーがなくて単に1000円と表示されていれば「まあ、この商品ならそんなものかな」と判断するものでも、アンカーがあるばかりに目が曇《くも》ってしまい、判断力が鈍《にぶ》ってしまうというわけです。

この『アンカリング効果』は意外と活用できます。たとえば、待ち合わせに10分遅れそうなら、相手に「20分遅れそう」と伝えるのです。すると、それがアンカーになるので、10分遅れで到着すれば「意外に早かったね」と逆にほめてもらえますから。

## 商品に「返品保証」が付いている、本当の理由

商品には「返品保証」が付いているものがあります。

使ってみて、気に入らなければ返品してもOKという保証付きですから、買う側からすれば安心して買うことができます。

また、返品保証は売り手の商品に対する自信を表わすものとも思えるので、信頼感も生まれやすくなります。まさに消費者本位のサービスといえそうな気がします。

でも、「返品保証」を付けたからといって、売り手は損をするわけではありません。

それどころか、返品される可能性はかなり低いので、安心して商売ができるのです。

というのも、商品を購入したお客には、1章（38ページ）でも紹介した『保有効果』が働くので、一度購入してしまうと手放しにくくなってしまうのです。

また、たとえ商品に少々不満を抱いたとしても、「返品の手続きが面倒だしな、ま

ぁいいか」という**『現状維持バイアス』**も働きやすくなります。

こちらは、**現状を変えることによるデメリットのほうが、変えないことによるデメリットよりも大きいと感じ、現状を維持しようとする心理**のこと。

この効果は意外と強力で、一度お客が商品を手にしてしまえば、「試着」や「無料お試し」などといった、まだお金を支払っていない状態でもしっかり働きます。

実際、「1週間お試し無料。お気に召さなければ返品できます」といった通信販売でも、返品する人はわずかしかいないそうです。

これには「お試しをしたのに、ただ返すのは申し訳ないなぁ」と感じるという**『返報性の原理』**も働くようです。

買ったばかりの商品でさえ手放せなくなってしまうのですから、長年ともに暮らした愛着のあるぬいぐるみが捨てられない女性がいるのも不思議ではありませんね。

もちろん、つき合った期間の長い恋人にもこの効果は働きます。

# つい同じ定食屋に足が向いてしまうワナ

あなたは、行動がついワンパターンになっていると思ったことはありませんか？

お昼はいつもの定食屋でいつものローテーションで定食を注文し、いつものコンビニでコーヒーを買って帰り、いつもの指定席でアイコスを一服……なんて。

こうした行動の特徴は、ワンパターンなのに本人的には案外気に入っているというところ。だから繰り返してしまうんでしょうね。

実は、こういう行動にもちゃんと名前がついているのです。

その名は、**『自己ハーディング』**。

命名者は、行動経済学者のダン・アリエリー。著書『予想どおりに不合理』によると、**自分が下した決定および行動に、自分の次の行動が縛られてしまう現象**なのだそうです。

自己ハーディングの「ハード」は「群衆」という意味。「ハーディング」は「群衆心理」を表わす言葉です。

人はレストランの前にできた行列を見ると、「きっと美味しい店に違いない」と、思わず列に並んでしまうことがあります。

そのように**「他人が前にとった行動に基づいて物事の良し悪しを判断して、それにならって行動する」のがハーディング（群衆心理）**です。

一方、自己ハーディングは、他人ではなく〝自分〟が前にとった行動をもとに物事の良し悪しを判断して、それにならって行動してしまうものです。

この自己ハーディングがちょっと厄介《やっかい》なのは、「過去に何度も同じ決断をしてきたから、これこそ自分の望んでいる決断であり、行動だ」と思い込んでしまうところ。

つまり本人の満足度はかなり高いのです。となると、見直すことはしなくなりますから、おのずとワンパターンになってしまうというわけです。

定食屋さんにしてみれば、常連客になってくれるわけですから、まことにありがたい行動ではありますが、探せば他にも美味しい店はたくさんあるでしょうにね。

人間ってホントに平気な顔して〝不合理〟な行動をしてしまう生き物なんですね。

# 4章

# あの人との「ココロの距離感」――

## その秘密がまるわかり

# なぜ、お年寄りに席を譲るのを迷ってしまうのか

電車の中でお年寄りに席を譲るのって、案外難しいものです。

理由のひとつは、「お年寄り」の線引きが難しいこと。

長寿社会の現代、お年寄りは元気です。見た目ではなかなか判断できません。

またかなりの年輩に見えても、人によっては「自分はまだ若い者には負けん」という気概を持っている方もいます。

そういう人に下手に席を譲ろうとすると、睨《にら》まれてしまう場合もあります。あなたにも、席を譲ろうとして断られた、苦い経験があるのではないでしょうか。

「親切にしても相手が不快な思いをするのなら」と萎縮《いしゅく》して、その後は譲るのを控えるようになった人も多いのでは？

そもそも、何歳からがお年寄りと線引きはできるものなのでしょうか。

日本老年学会と日本老年医学会という機関が、高齢者の新定義に関する提言を発表しています。それによると、従来の「65歳以上が高齢者」という定義を改め、「75～89歳を高齢者とする」としたのだそうです。

さらに、65～74歳を「准《じゅん》高齢者」、90歳以上を「超高齢者」と定義したのだとか。

しかし、この定義もいつまでもつものやら。

もうひとつ、席を譲るのをためらってしまう理由があるとすれば、**『社会的手抜き』**という心理が働いてしまうからでしょうか。

これは、**集団で作業を行なう場合、メンバーの人数が増えれば増えるほど、1人当たりの貢献度《こうけんど》が低下する**という心理効果をいいます。

席を譲りたくなるようなお年寄りが車両に入ってきても、周りに人が多ければ多いほど、**「誰かが席を譲るだろう」**と思って立つのをためらってしまうのです。

この『社会的手抜き』の心理が働いて一度タイミングを逃してしまうと、立とうにも立てなくなってしまいます。

そのワナにはまらないためには、今、席を立てる人間は自分しかいないと心に決めて立つ。それしか方法はありません。そして、断られてもめげないことです。

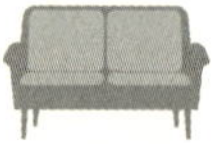

# 他人の〝リア充話〟にイラッとしてしまう心理

「リア充」――今やすっかり定着した感のある言葉です。

フェイスブック、ツイッター、インスタグラム、どのSNSもリア充な投稿で彩《いろど》られています。

「今日は、こんな素敵なお店でディナーしました♪」

「1時間並んだけど、超ハッピーな気分♪」

「これからいよいよ搭乗《とうじょう》。現地からもまた投稿しまーす♪」

そんな投稿に目を通していると、妬《ねた》ましさ半分、自分だけ取り残されたようなブルーな気分半分でストレスをため込んでしまう人もいることでしょう。

人が嫉妬心を抱きやすい瞬間、それは――自分が手に入れたいものを、〝自分と同じレベル〟だと思っていた人が手に入れたのを見たときだ、といいます。

SNSでつながっている人には、必然的に自分と同じレベルの人が多いわけで、ネガティブな気持ちになるのはもっともな話かもしれません。

そこで質問。あなたは普段からリア充な投稿にマメに「いいね！」をしている人でしょうか。だとしたら気をつけたほうがいいかも。

もしかしたら『**いい人症候群（ナイスガイシンドローム）**』のワナにはまっているかもしれないからです。

これは、アメリカの心理療法医ロバート・A・グラバー氏が命名したもので、**相手に好かれようと自分を殺し、いい人を演じようとする人のこと**をいいます。

誰だって人に好かれたい気持ちは持っていますが、無理をしていい人になろうと頑張りすぎると、自分にしっぺ返しがくることがあるのです。

「いいね！」をいくら押しても相手から反応があまりないと、むなしさを感じ、相手の幸せを妬み、それが高じると怒りや憎しみに変わってしまう危険性があるのです。

もし、リア充な投稿を見ていちいち「イラッ」とするのだとしたら、妬みや怒りがたまっている証拠。毎日最低ひとつは自分の欲求を叶えてあげましょう。

## SNSで人の投稿をシェアしたくなるわけ

「SNSで、みんなが投稿をシェアしていたから、自分もシェアした」
「みんなが行列に並んでいたから、自分もとりあえず並んだ」
「何人もの芸能人がすすめていたから、自分も買った」

こうした経験があるとしたら、それは、あなたに**『多数派同調バイアス』**という心理が働いたからかもしれません。

これは、**自分以外に大勢の人がやっていることがあると、とりあえず周りに合わせようとする心理状態**のことを指します。

ことわざにも「長いものには巻かれろ」「人の尻馬に乗る」とあるように、私たちはどうかすると、簡単にそういう心理になってしまいがちです。

心理学者ソロモン・アッシュが行なった実験でも、それは証明されています。

①一室に集めた30名ほどの人に、極めて簡単な問題を出す
②実は、集まった人のうち1人だけが本当の被験者で、残りは全員サクラ（おとり役の人間）だった
③サクラは全員誤った答えを言い、その後に本当の被験者が答えることになっていた

すると、誰にでも正解のわかる簡単な問題だったにもかかわらず、被験者の3割以上が、サクラと同じ誤った答えを選んだというのです。

また、正解を選んだ人でも、その多くが答えを出すのを戸惑ったり、「大丈夫なんだろうか」と冷や汗をかいたりしたといいます。

答えが簡単にわかるような問題ですらそうなのですから、そうではない微妙な問題となると、同調バイアスは相当なものになるに違いありません。

行列に並ぶ程度なら時間の浪費ぐらいしか害はないかもしれませんが、悪質なデマ情報をシェアしてしまったり、知らずにウイルスを拡散してしまったらオオゴトです。

人の尻馬に乗って痛い目にあわないよう、くれぐれもご注意ください。

# 相手が時計に目をやると、自分も見てしまうのはなぜ？

打ち合わせなどをしていて、相手が腕時計や掛け時計に目をやったとき、思わず自分も見てしまったという経験はないでしょうか。

時として、私たちは無意識に人のマネをしてしまうことがあります。

それについては、アメリカの心理学者スタンレー・ミルグラムが、興味深い実験を行なっています。

多くの人が行き交う街中の歩道。そこにサクラ（おとり役の人間）を立たせて、何気なく空を見上げさせたのです。そして、何人の歩行者が、サクラと同じ方向を見るかを確かめたのでした。

すると、空を見上げるサクラの人数が1人から3人、3人から10人と増えていくたびに、サクラと同じ方向を見上げる通行人の数が増加していきました。

　このように、私たちは**他人の行動を無意識のうちに模倣《もほう》する傾向**があるのです。それをミルグラムは**『行動感染』**と名づけました。

　相手がチラッと時計を見たとき、つい時計に目をやってしまうのも同じこと。別にマネようと思ってやっているわけではありません。無意識に同じことをしてしまう。それが『行動感染』なのです。

　思い浮かべてみてください。ホラー映画を見ているとき、ヒロインが恐怖で強《こわ》ばった顔をしていると、それを見ている私たちの表情も、ヒロインと同じような強ばった顔になっているのではないでしょうか。

　もちろんヒロインの表情をマネようとしたわけではありませんよね。無意識にやっていることです。

　これは、かなり原始的な本能と考えられていて、**人間だけでなく動物たちも『行動感染』を起こす**ことがよくあります。

　草原地帯のサバンナで生活しているシマウマは、1頭が走り出せば、群の全頭がそれに反応してドドッと走り出します。一発の銃声で、鳥の群れが一斉に飛び立つのも同じ現象です。

# 血液型性格診断が当たっている気がする理由

血液型で性格を診断する方法があります。この診断方法はかなり信憑性《しんぴょうせい》があると思われていて、会話の中にもよく出てきます。

「○○さんはA型だから、何でも細かすぎるのよ」

「私はB型の人とはどうも相性が悪くて」……

自分の血液型はほとんどの人が知っていますし、百人百様の性格を単純に4つのパターンに分けられるのもわかりやすいですよね。

しかも、なんだか当たっているような気がします。

各タイプの一般的に認知されている性格は次のようなものです。

- A型……真面目で几帳面《きちょうめん》
- O型……おおらかで社交的

● B型……マイペースで自由奔放
● AB型…感受性豊かで個性的

はたして血液型で性格はわかるのか。その科学的な裏付けはありません。

なのに当たっているような気がするのは、**『ラベリング効果』**が働いているからのようです。

ラベリングとは、**相手に「あなたって○○だよね」と、決めつけるようにラベルを貼ること**。すると、本人は貼られたラベルの通りの行動をとるようになる、という理論です。これは、社会心理学者のハワード・S・ベッカーが提唱したもので、『ラベリング理論』とも呼ばれています。

「あなたはA型だから几帳面なのよ」とラベルを貼られると、人ってだんだんその気になっていくんですね。誰にでも多少、几帳面な部分はあるから、なおさらです。

結果として、几帳面な行動を自然にとるようになります。当たっているようにどんどん自分でなっていくということ。面白いですね、人間って。

## やたらと「知り合いの自慢」をする人の心の動き

「自分には、有名人の知り合いがいる」
「僕は港区に住んでいる」
「私はブランド物のバッグや服を、いっぱい持っている」

あなたの周りにも、こんな自慢をする人がいるのではないでしょうか。自分自身でも似たような自慢をしたことがあるかもしれません。

人は多かれ少なかれ、**高い評価を得ている人やものと自分を関連づけて、自分の評価を高めようとする傾向**があります。

それを心理学では『**栄光浴**《えいこうよく》』といいます。凄い人と関係がある自分は凄い、と間接的にアピールしているわけです。

社会心理学者のチャルディーニという人が、こんな実験をしています。

フットボールが盛んな大学を対象に、フットボールの試合の後で学生たちがどのような行動をとるかを調べたのです。すると、次のような結果が出ました。

《自分の大学のチームが勝ったとき》

- 大学の校章をつけたり、大学名の入った服を着たりする学生が増えた
- 試合の話をするときには、主語に「私たち」がよく使われた

《自分の大学のチームが負けたとき》

- 大学の校章をつけたり、大学名の入った服を着たりする学生が減った
- フットボールチームを「彼ら」と言う学生が多かった。

とまあ、予想通りの結果が出たわけですが、このような〝身びいき〟や〝知り合いの自慢〟をあまり口にしすぎるのは、考えものかもしれません。「この人、自分には自慢するところがないのかな」と周囲をしらけさせてしまいますから。

# 何かと「結果論」でモノを言う人の心理

「失敗するかもしれない、と思ってはいたよ」
「だから、言わんこっちゃない」

こんな上司の言葉に、理不尽さを覚えながらも耐えているビジネスパーソンは多いのではないでしょうか。

こうした上司の物言いが理不尽に思えるのは、言葉がすべて〝後出しジャンケン〟になっているからです。

起こってしまったことを批判しているだけ。それなら誰にだってできますものね。でも、文句を並べる上司は、さも最初からそうなることはわかっていた、とでも言いたげな顔。仕事を任せたのは自分なのに、そのことはおくびにも出しません。

上司がそのような態度をとるのは、心理学的に見れば『**後知恵バイアス**』によるものだと考えられます。

これは、**何か物事が起こった後で「そうなると思ったよ」と、まるで自分がすべてを見通していたかのような言動をしてしまう心理的傾向**を表わす言葉。

そうした言動をする人は、相手の失敗をあげつらい、ダメ人間の烙印《らくいん》を押すことで満足感や優越感に浸ってしまいます。

そういう困った上司、あなたの周りにもいるのではないでしょうか。

厄介なのは、自分が批判するのは当然で、部下のためにもなると勝手に思っているところです。

しかも、優越感が得られるせいで、叱れば叱るほど、自分が優秀で有能な人間であると勘違いしてしまう場合もあります。

この『後知恵バイアス』は伝染性もあるので、部下からその後輩へと被害者は広がっていく可能性も大です。

それをくい止めるためには、この心理学用語を知った人から「そうなると思ったよ」は禁句にしていくしか、今のところ手はなさそうです。

# 同じ名前の人に親近感を覚えるのはなぜ？

あなたは、自分と同じ名字の人と出会ったら、どんな感情を抱くでしょうか。

多くの人は親近感を覚えて、思わず微笑んでしまうのでは？

「失礼ですが、お生まれはどちらでしょう？」と、つい出身地を聞いてみたくなるかもしれませんね。

心理学に『**ネームレター効果**』というものがあります。

**人は名前が自分と同じ、あるいは似ている人物やものに対して、意識的にも無意識的にも好意を持ちやすくなる**というものです。

誰もが名前を持っていて、その名前を使って生きていきます。そして、誰もが自分の名前に良くも悪くも愛着を持っています。

それゆえに、名前や名前に使われるひらがなや漢字、イニシャルなどに思わず反応して好意を寄せてしまう――それが、『ネームレター効果』です。

自分と同じ名字の人に親近感を覚えても、不思議はないというわけです。ドラマや映画などで、自分と似た名前の登場人物が気になったりもします。

また、自分の名前に含まれる文字の入っているブランドは好ましく思えますし、好きになった異性の名前を思い出してみると、イニシャルが自分と同じだったりもします。

それもこれも、人が自分の名前に愛着を持っているがゆえのこと。

なので、誰かと会話をするとき、「これが最近のトレンドですよね、○○さん」「ところで、○○さん」と、言葉の端々《はしばし》に話しかける相手の名前を入れるようにすると、好感度を上げることができます。

**人は、自分の名前を呼んでくれる人には、自然と親近感を覚えてしまう**からです。

これは、『ネームコーリング』と呼ばれる心理テクニックで、営業畑の仕事をする人は覚えておいて損はありません。

もちろん、意中の人のハートを射抜きたい場合にも活用できます。

恥ずかしがらずに、何かにつけて相手の名前を呼びましょう。きっとその人も、あなたに好意を抱き始めてくれるはずです。

# 聞き上手な人は、好感度が高い？

仕事でも恋愛でも、聞き上手な人は相手から「話していて楽しい人だな」と思われます。好感度や信頼度も高く、人望を集める人も少なくありません。

聞き上手な人が「話していて楽しい」と思われるのには、理由があります。

それは、話している側に**『カタルシス効果』**が働いて、話せば話すほど気分が良くなるからです。

カタルシスとは、ギリシャ語で「浄化」を意味します。なので、この効果のことを**『心の浄化作用』**とも呼んでいます。

カタルシス効果とは、**普段口にすることができない様々な思いを、言葉などによる表現を通して発散することで、心の苦しみが軽くなること**をいいます。聞き上手はそれを自然にうながしてくれるので、話すほどに心が軽くなるのです。

　また、人には誰にでも自分のことを認めてもらいたいという欲求、心理学でいう**『承認欲求』**がありますが、聞き上手な人はそれも満たしてくれるので、ますます好感度が高まります。

　その点、一方的にしゃべりまくる人はどちらも満たしてくれないので、話していてだんだん嫌気がさしてきます。おしゃべりな人がいまひとつ人望がないのは、そのせいかもしれません。

　でも、ただ聞いているだけでは「聞き上手」にはなれません。

　好印象を与える会話は、しゃべる時間を「相手7割：自分3割」ぐらいにするのが良いとされていますが、漫然と聞いているだけでは相手を「この人、ちゃんと聞いてくれてるのかしら」と不安にさせてしまいます。

　そんな不安を解消するのが、相づちやうなずきです。それだけで、相手は安心しておしゃべりが楽しめるようになります。

　同じ相づちでも、相手が女性であれば、「だよね」「だと思った」など共感を表わす相づち。男性であれば、「へぇ〜！」「すご〜い！」など相手のプライドを満たすような相づちが効果的ですよ。

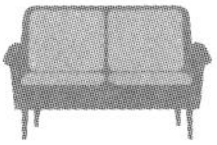

# 反抗期の子どもが、親に対して仏頂面をするわけ

無《ぶ》愛想《あいそう》な顔つき、機嫌の悪そうな顔のことを〝仏頂面《ぶっちょうづら》〟といいます。

言葉の由来はさておき、そんな顔をした人をときどき見かけることがあります。ときには、自分ではそんなつもりはないのに、「なんで仏頂面しているの？」と言われることもあります。

何か考え事をしていたのが不機嫌そうに見えたのかもしれませんが、そう見えたとしたらあまりいいことではありません。

というのも、人は表情から相手の感情を読み取ろうとしますが、相手に不快な感情を抱かせてしまう仏頂面は、そのままその人の印象となってしまいがちだからです。

特に、初対面での仏頂面は禁物。**『初頭《しょとう》効果』**といって、人は**第一印象など、最初のイメージ、最初に提示されたものが、強く記憶に残る心理**を持っています。

仏頂面では「気難しそうな人だな」という印象が後々までずっと残ってしまいます。

仏頂面をしてしまう人には、いくつかの心理的特徴があります。

普通、人は喜怒哀楽を自然に顔の表情で表わします。

けれど、自分の気持ちを周囲に知られたくない、表情で相手に気持ちを読まれたくないと感じたとき、人は仏頂面をすることで自分の感情の表出を止めようとします。

反抗期の子どもが親に対して仏頂面をするのは、まさにそれ。一種の『**自己防衛反応**』で、**仏頂面をすることで親の過干渉から逃れようとしている**のです。

ふてくされた顔をしても、親なら許してくれます。大目に見てくれます。

でも、社会に出るとそうもいかなくなります。仏頂面は人を不快にさせるので、「この人には期待しても無駄だ」と敬遠されてしまいかねません。

そのように期待されずに周囲から接されると、もちろん当人もそれを意識して、仕事への意欲をなくしていきます。成果も上がらなくなるでしょう。そうした現象を心理学では、『**ゴーレム効果**』といいます。

「なんで仏頂面しているの？」と言われた経験のある人はご用心。

そして、人前では努めてスマイルを心がけましょう。

# 「痛いの痛いの飛んでいけ！」のおまじないの効果のふしぎ

ある医療機器メーカーのＣＭに、「誰かを元気にする魔法の言葉」を紹介するものがありました。

日本の魔法の言葉として紹介されたのは、「痛いの痛いの飛んでいけ」でした。

それがアルゼンチンでは、現地の言葉（スペイン語）を日本語に訳すと「治れ治れカエルのお尻。もし今日治らないなら明日治れ」と言うそう。

フィリピンでは、タガログ語を訳すと「痛いの痛いのどこかいけ」。

アメリカでは、「痛いの痛いのどこかいけ。別の日に戻ってこい」と言うのだそう。

どこの国にも魔法の言葉（＝おまじない）ってあるものなのですね。しかも、どこの国でも、その魔法の言葉はバリバリの現役で、子どもを持つ親御さんたちに使われています。

それは、おまじないとはいえ、ちゃんと効果があるからです。

**『プラシーボ効果』**という言葉、耳にしたことがあると思います。

これは、**『偽薬《ぎやく》効果』**とも呼ばれていますが、**薬効《やっこう》成分の入っていない薬でも、医者が「よく効きますよ」と言って処方すると、それを飲んだ患者の容態が快方に向かったり治癒《ちゆ》してしまう効果**のことをいいます。一種の暗示効果です。

そのメカニズムは、完全には解明されていないものの、信頼のおける医者が処方した薬を飲んだという安心感が、体にひそむ自然治癒力を引き出すのは確かなようです。

この効果は偽《にせ》の薬がなくても、言葉だけでも発揮されることがあります。

それが、「痛いの痛いの飛んでいけ」といったおまじない。大好きなお母さんが言ってくれたことを信じて「痛くなくなる」と思い込むことで、実際に痛みがやわらぐことがあるのです。言葉の暗示効果って、意外に強力なのです。

ですから、言葉の使いようによっては、逆の効果が出る場合もあります。

子どもの頃、学校に行きたくなくて、「お腹が痛い」と痛いフリをしていたら、なんだか本当に体調が悪くなったという経験はないでしょうか。

それは『プラシーボ効果』の逆で、**『ノーシーボ効果』**といいます。

# 人前で転んだとき、思わず照れ笑いしてしまう心理

道のちょっとしたデコボコで転ぶのは、お年寄りだけとは限りません。

油断大敵、若者だって転ぶときは転びます。

そんなとき、思わず出るのが照れ笑いです。苦笑いの人もいるかもしれません。

人前で、しかもこんなささやかな段差で転ぶなんて「私としたことが！」「恥ずかしい！」「かっこ悪い！」……そんな自分を非難する言葉に連打されて、笑ってごまかすしかなくなってしまうのかも。

と、後から理屈はいかようにもつけられますが、こういうとき、なぜ人は笑ってしまうのでしょう。

それは、心理学でいう『**スポットライト効果**』が働くから。

人は元来、**他人が実際以上に自分に関心を持っていると、自己中心的に考える傾向**があります。

なので、転んだときなどは、人はまるでスポットライトに照らし出された悲劇の主人公を演じる役者にでもなった気分を味わってしまうのです。

そして、周りの人が、主人公を注視する観客に思えてしまいます。

でも、演技の経験ゼロの素人《しろうと》なのですから、気のきいたセリフを言えるわけはありません。ですから、照れ隠しに笑うしかないというわけです。

ただ、この『スポットライト効果』が働くのは本人だけ。周囲の人には働きませんし、自分が思うほど周囲は関心を持ってくれません。

転んだのを見ても、1人や2人は同情心から「大丈夫ですか？」と声をかけてくれるかもしれませんが、ほとんどはチラ見をしただけで立ち去ってしまうことでしょう。

転んだことのある人なら、誰からも無視されて、照れ笑いした自分が恥ずかしくなった経験があるのではないでしょうか。

転んだときの照れ笑いは、自意識の強い人ほどしてしまう傾向があるようです。

さて、あなたは自意識が強いほう？　それともあまり周りを気にしないタイプ？

もし、客観的な評価がほしいのであれば、次のチェック項目で当てはまるものに◯

をつけてみてください。

①自分のしたことについて反省することが多い
②人が自分をどう思っているのか気になる
③自分の気持ちに注意を向けていることが多い
④人に良い印象を与えているかが気になる
⑤いつも自分のことを理解しようと努力している
⑥人に自分をどう見せるか関心がある
⑦いつも自分が何をしたいのかを考えている
⑧自分の外見が気になる
⑨自分自身の感情の変化に敏感である
⑩自分の髪型や服装はいつも気にかけている

これは、心理学者のフェニングスタインが１９７５年に発表した、自意識の高さを測《はか》る「自己意識スケール」です。

○の合計が3つ以下だと、自意識は「弱い」。4〜6は「強い」。7以上で「非常に強い」と判定されます。

また、奇数番号の合計が**「私的自己意識」**（内的な感情を意識する度合い）の強さを判定します。偶数番号の合計が**「公的自己意識」**（外から見た自分を意識する度合い）の強さを判定します。

いかがだったでしょう。自意識があまりにも強いのは考えものかもしれませんが、適度に自意識を持つのは大切なこと。全く身だしなみを気にしないで「着たきりすずめ」では白い目で見られるでしょうしね。

そんなふうに自意識の強い人を擁護したくなるのは、筆者自身がテストで「自意識過剰人間」だとわかったからなのですが。転んだときの苦笑いが、板についているわけです。

# コンプレックスが その人の魅力にもなる理由

誰にでも『コンプレックス』はあるものです。

外見など肉体的なこともあれば、性格など精神的なことでコンプレックスを感じることもあります。

自分が他人より劣《おと》っているという感情や思い。そう、劣等感というやつです。

人に知られたくないものなので、つい隠したくなります。

でも、隠そうとすればするほど、余計につきまとうのが劣等感。そして、自分で自分を卑屈《ひくつ》にしてしまいます。

そういう自分にうんざりしているとしたら、解決策があります。

心理学でいう**『自己開示』**をするのです。これは、**自分についての極めてプライベートな情報を、相手にありのままに伝える**こと。

つまり、コンプレックスを打ち明けてしまうのです。

なんでもしゃべってしまえというわけではありません。周囲の人が薄々感じ取っていること、外見的なコンプレックスで試してみましょう。

男性なら、たとえば〝薄毛〟。どんなに取りつくろっても、精巧《せいこう》なカツラをかぶったとしても、周囲の人にはバレバレです。気づかれていないと錯覚しているのは本人だけという場合もあります。

そういうものを、自己開示してしまうのです。

「最近、うれしいことに、どんどんシャンプー代や美容院代がかからなくなってさ」

こんなふうに笑い話にしてしまうのです。

すると、聞いた人は心の中で思います。この人は気にしていないんだな、と。

それだけではなく、自分のコンプレックスをあえて話すことのできる、肝《きも》の据《す》わった人、尊敬に値する人だという評価さえ受けることもあります。

コンプレックスが、その人の魅力の一部になってしまうということ。

お笑い芸人にも、コンプレックスを逆手にとって人気者になっている人がいますよね。

さて、あなたならどんなコンプレックスから自己開示してみます?

## 「引っかけゲーム」だとわかっていても引っかかるのは、なぜ？

「ピザ、ピザ、ピザ、ピザ……」と10回言わせてから、肘を指さして「ここは？」と質問すると、たいていの人は「ひざ」と答えてしまいます。

昔からある「10回ゲーム」という子どもの遊びですが、大人も簡単に言い間違えてしまうのが面白いところ。

「10回ゲーム」には様々なバリエーションがあり、トンチが利いていて愉快です。

- 「ホッカイロ」を10回言ってもらい、「日本で一番北にある県は？」と尋ねるたいていの人は「北海道」と答えるが、正解は「青森県」
- 「キャンパス」を10回言ってもらい、「角度を測るのは？」と尋ねるたいていの人は「コンパス」と答えるが、正解は「分度器」

「カバ」を10回言ってもらい、「逆立ちすると?」と尋ねる
たいていの人は「バカ」と答えるが、正解は「逆立ちしてもカバはカバ」

ハメられて思わず苦笑いしてしまうこのゲームですが、なぜ簡単に言い間違えてしまうのでしょう。

心理学的には**『プライミング効果』**が働くからだといわれています。

プライミングとは**「誘発するもの」**という意味。**ある情報が直前に脳に刷り込まれると、それがその後の思考に影響を与えてしまう**ことをいいます。

この効果は効き目があるので、実際に活用もされています。

プロ野球で最終回に救援投手が登場するとき、スタジアムには耳になじんだ登場曲が華々しく響き渡ります。実は、あの場面にも『プライミング効果』が働いていて、観客も投手は「よし、今日もいつも通りに完璧に抑えるぞ!」と気持ちを高めますし、観客も「よし、これで勝てる!」とボルテージをぐんぐん上げてしまうのです。

# 簡単なクイズなのに誤答してしまうわけ

こんな3択クイズが出たとしたら、あなたはどれを選ぶでしょうか?

Q　日本全国で一番多いのはどれでしょう?
①クリーニング屋
②コンビニ
③美容院

一見すると、街中のあちこちで見かける②のコンビニが多そうな気がします。
でもこれは、いわゆる〝引っかけ問題〟。
正解は③の美容院なのです。
しかも、コンビニは①のクリーニング屋にも及ばず第3位。1位の美容院となると、コンビニの3倍以上あるといいますから驚きです。

コンビニより多い店舗や施設は他にもあります。歯医者さんも、喫茶店も、公園も、新興勢力のコンビニより多く存在しています。

このように、私たちは〝町でよく見かける〟というだけで、安易に「コンビニ」と解答しがち。

そんな傾向を心理学では**『利用可能ヒューリスティック』**といいます。

これは、**「物事の意思決定を下す際に、頭に浮かんできやすい事柄を、優先して判断する」傾向**のことをいう用語です。

私たちの思考には、バイアス（偏《かたよ》り、先入観）がかかりやすいということ。

クイズのつくり手の方たちは、そうした人間心理を突いて難問・珍問をつくり出し、私たちを悩ませてくれているんですね。

# 5章

# 「好きな気持ち」は
# こうして生まれ、
# こうして揺れる

# 「ディズニーランドでデートしたら別れる」という噂があるわけ

巷《ちまた》でよくささやかれる噂に、こんなものがあります。

「ディズニーランドでデートしたカップルは別れやすい」

ディズニーランドのような遊園地は、日常生活から心を解放してくれる楽しさ満載の世界なのに、どうしてでしょう。

実は、ディズニーランドのような人気のレジャースポットは、彼と彼女の人間性、男と女という性の違いがあらわになる世界でもあるのです。

その違いが、カップルを別れさせてしまうきっかけになるようなのです。

たとえば、場内の人気アトラクションは、長蛇の列ができるのが当たり前です。待ち時間がたっぷりあります。その待ち時間の過ごし方を間違えると、楽しさが半減してしまいます。

時間つぶしにスマホでゲームなどをやり始めると、特に男性は熱中しやすいので、彼女を放ったらかしにしてしまう、なんてこともありがちです。

男女では、アトラクションやショーに好みの違いもあります。お互いの好みのぶつかり合いが起きると、楽しさは一変して意見の食い違い、感情のズレ、不愉快へとつながっていきます。

女性にとっては、お土産《みやげ》やグッズなどのお買い物も欠かせません。お買い物自体がレジャーの一部です。ですから、じっくり時間をかけたがります。

一方、男性は買い物にはあまり興味を持ちません。レジャーだとは思っていないので、さっさと済ませたいと思っています。

心理学では、そうした**男女の違い**を『**相補性**《そうほせい》』といいます。その違いが互いの足りない部分を補い合うという形になればいいのですが、違うことが互いに負担になると、途端に関係がぎくしゃくし始めます。

ディズニーランドのような場所では、男女の違いが浮き彫《ぼ》りになりやすいので危険なのです。でも、その違いさえ理解して、互いを思いやることさえできれば、怖くもなんともありません。ディズニーランドを大いに楽しみ、愛を確かめ合えるはずです。

## 待ち合わせ場所に、恋人が小走りにやってくるとうれしい理由

恋人が待ち合わせの場所に、息をはずませながら小走りにやってきてくれると、うれしいものです。

それは、その行為が心理学でいう『**正《せい》の誘発性**』に当たるものだからです。

「まあ、なんにでも理屈をつけるんだね」

そんな声が読者から聞こえてきそうですが、そうなんです、この本はそういう本なのであしからず、ご容赦ください。

人は言葉だけでコミュニケーションをしているわけではありません、表情やしぐさ、動作などでもコミュニケーションをとっています。

前者を『**バーバル（言語）・コミュニケーション**』、後者を『**ノンバーバル（非言語）・コミュニケーション**』と呼んでいますが、人って想像以上に言葉以外のもので会話をしています。

歩き方も、ひとつのノンバーバル・サインです。相手が自分に近づいてくる速さに着目すると、相手の自分への好意がどれくらいかを判断できるのです。

恋人に会うのであれば、1秒でも早く会いたいもの。いきおい小走りになります。それを『正の誘発性』というのです。

一方、会社への出勤、しかも休み明けの月曜日だと、どうしても足取りは重く遅くなりがち。それを**『負の誘発性』**といいます。

気持ちが歩調に表われてしまうのですね。

何か話しかけたときもそうです。「なになに？」と相手が上半身を近づけてくれるようなら、『正の誘発性』で脈あり。姿勢を変えずに聞くようであれば、あまり脈はないかもしれません。

これは『正の誘発性』なんて言葉を知らなくても、誰にでも想像はつくことですが、このことに気づいていると、恋のテクニックとしても使えます。

もし、意中の人がいて、その相手に自分を意識させたいのなら、待ち合わせには小走りで、何か話しかけられたら体を寄せること。きっといい反応があるはずです。

# デートのお誘いの成功率は、何で決まる？

「映画に行かない？」

「今、評判のあの映画、もうすぐ終わるって。行かない？」


どちらの誘い方がＯＫをもらいやすいかは、言うまでもないでしょう。

もちろん後者です。それは**『カチッサー効果』**が働くからです。

カチッサー効果とは、**ある働きかけによって、深く考えることなしに行動を起こしてしまう心理現象**をいいます。

特に、「○○だから」「○○なので」と、理由をつけて物事をお願いすると、人は願い事を無批判に受け入れやすくなるのです。

それについては、心理学者のエレン・ランガーによるコピー機を使った実験が有名です。

コピー機の順番待ちをしている先頭の人に、次の3パターンで頼んでみたのです。

①「先に5枚、コピーさせてください」

②「急いでいるので、先に5枚、コピーさせてください」

③「コピーをしなければいけないので、先に5枚、コピーさせてください」

結果、①の方法だと、順番を譲ってくれたのは60%でした。けれど、②③だと、どちらも90%を超えたのです。

その違いは、理由づけにあります。人は何か頼まれるとき、ただ頼まれるよりも、理由をつけて頼まれるほうが承諾しやすいのです。

カチッサー効果の面白いところは、③のように意味のわからない理由でも効果があるということ。つまり、「ので」が重要だということです。

**「お茶しない？」ではなく「近くに美味しいケーキを出すカフェができたから、お茶しない？」です。**覚えておきましょう。

## 気になる人の前では、腕組みはしないほうがいいわけ

まず、お断りしておきますが、「デートで腕組みはしない」は、2人で腕をからませ合ってはいけないという意味ではありません。恋人の前で腕組みはしないほうがいいという意味です。

腕組みは、たいてい胸の前でします。それは、胸の内側にある心臓や肺を守ろうとするために行なうしぐさだといわれています。

人は自分を守ろうとするときに腕を組むということ。つまり、**腕組みは防御の姿勢**なのです。

デートのときに防御の姿勢をとるというのは変ですし、相手に失礼ですよね。

腕組みをしないほうがいい理由は、それだけではありません。

アメリカで、学生を対象として、こんな心理実験が行なわれました。

学生を2つのグループに分けて、ひとつのグループには、腕組みしたり足を組んだりせずにリラックスして講義を聞くよう指示をし、もう一方のグループには講義中ずっと腕組みをするよう指示しました。

そして講義終了後にどれだけ内容を把握しているかテストを行なったところ、腕組みをしていたグループは、そうでないグループよりも38%も結果が悪かったのです。

さらには、腕組みをしていたグループには、講義内容や講師に対して批判的な意見を述べる学生も多かった、という結果が出てしまいました。

つまり、**腕組みをして人の話を聞くと、内容を理解する能力が低下する上に、相手に対して批判的な感情を持つことがある**というのです。

デート中に腕組みをしながらおしゃべりをすると、相手の話すことが理解しにくくなったり、批判的なことを言い出しかねないということですから、これは一大事。

デートの経験の浅い人の中には「腕組みをしていると落ち着くから」という理由でついしてしまう人がいるかもしれませんが、楽しいデートにしたいのなら、腕組みはしないほうが身のためです。

しぐさによるメッセージは、想像以上に相手に伝わっているものなのです。

## 「○○な店」では、心理的距離を縮めやすい

キャンプファイアーをしたことがある人は、こんな経験をしたことがあるのではないでしょうか。燃える火を見つめているうちに、誰彼となく打ち明け話をし始めて、

「ああ、そんな経験、私にもあるある」

そう周りも反応して、普段だったら絶対口にしないような心の内まで、さらけ出して話し込んでしまったといった経験。

実は、キャンプファイアーのようなシチュエーションだと、人は自ら打ち明け話をしたくなってしまうようなのです。

それを『**暗闇《くらやみ》効果**』と呼びます。この効果が生まれるのは、**暗闇が持つ不安感や秘《ひ》匿性《とくせい》**のおかげ。そのせいで**周囲の人との心理的距離が縮まり、一体感が生まれ、心の壁が取り払われて、思わず心の中にしまっていた秘密まで口にするようになる**のです。

そうした現象は、アメリカの心理学者ガーゲンが行なった実験でも明らかです。博士は、暗闇の中で対人関係の親密度がどのように変わるかを調べるために、次のような実験を行ないました。

まず、見ず知らずの男女のグループを2組つくり、一方のグループを明るい部屋に、もう一方のグループを暗い部屋に閉じ込めたのです。

すると、明るい部屋に入れられたグループは、当然かもしれませんが、初対面ということもあって、当たりさわりのない会話に終始しました。

それと対照的だったのが、暗い部屋に入れられたグループ。いつの間にか親密度が増し、打ち解けて会話も弾み、中には抱き合う男女も現われるという結果になったといいます。**暗い場所には、心の扉を開かせる力がある**ということです。

この力は、相手との距離を縮めたいと思っている人には、大いに助けとなります。

たとえば、何か悩んでいるようなのに心に壁をつくって口を閉ざしている友人がいるなら、照明の暗いお店に連れて行ってあげましょう。『暗闇効果』が働いて、重い口を開いてくれるかもしれません。

意中の人との距離を縮めたい場合も、効果は絶大ですよ。

## デートは〝別れ際〟がいちばん肝心？

今でも印象に残る映画があったら、思い出してみてください。

映画のストーリーは記憶が曖昧《あいまい》でも、凄い見せ場や、印象的なラストシーンは覚えているのではないでしょうか。

そういう映画のほうが、ストーリーはしっかりしていても終始淡々とした映画より、記憶にとどまりやすいのです。

それを心理学では**『ピーク・エンドの法則』**と呼んでいます。

命名者は、行動経済学の先駆者で、ノーベル賞受賞者でもあるダニエル・カーネマン氏。

**「あらゆる〝経験の記憶〟は、ピーク時と終了時のインパクトの度合いで決まる」**

これがカーネマン氏の持論。

この法則は、デートにも活用できます。たとえ小さな花束であっても、別れ際に渡されると、素敵な思い出として相手の心に深く刻まれるのです。

逆に、別れ際が素っ気ないと、せっかく大枚をつぎ込んだレストランでの食事も、遊園地での思い出づくりも、ちょっと味気ないものになってしまうということ。

つまり、終電の時間だから、明日が早いからといった理由で、そそくさと帰るのはNGだということ。

もし翌日に大事な仕事がある場合は、余計に別れ際が肝心。

そういう場合は、**最も盛り上がっているときにデートを切り上げるのがベスト**です。話が盛り上がって、いよいよ佳境に入ろうとしたときに「あ、もうこんな時間。ごめんなさい。帰らなくっちゃ」と席を立つのです。

インパクトは大ですし、相手は心残りを覚えて、もっと話していたい、一緒にいたいという思いが強まるのです。〝後ろ髪を引かれる状態〟になるんですね。次のデートが待ち遠しくもなります。

それだけに、お互いに思い出に残るデートになるわけです。

## 好きなのに〝嫌いなフリ〟をしてしまうのには、ワケがある

あなたは、相手に対して恋心を抱いているのに、次のような態度をとった経験はないでしょうか。

「飲み会で隣の席に座っているのに、他の人とばかりしゃべってしまった」

「話しかけられても気づかないフリをして、無視してしまった」

「その人の前で、わざわざ別の異性のことを話題に出してほめてしまった」

こんなふうに、好きな相手をあえて避けるような態度をとることを、心理学では**『反動形成《はんどうけいせい》』**と呼んでいます。

これは、フロイトが提唱した防衛機制のうちのひとつで、**人は自分の本心を隠すために、本心とは逆の行動をとってしまうことがある**んですね。

こうした言動をとるのは、心が守りに入っているときです。

自分の気持ちを表現するのが恥ずかしかったり、もし相手に自分の気持ちが伝わっ

たら関係が壊れてしまうんじゃないかといった不安があったりするときです。好きだという気持ちをどう表現していいかわからずに、持てあましてしまうのですね。

恋をするのに不慣れな時期、たとえば初恋の相手には、この反動形成がよく起こります。あなたにも心当たりがあるのでは？

この〝本心と逆の行動〟をする心理は、相手に思いを寄せているときだけでなく、相手を本心では嫌っているとき、敬遠したいと思っているときにも働きます。

職場の人間関係やプライベートな友人との間でも、「あの人は苦手だけど、それが相手や周りにバレると自分の立場が悪くなる」といった気持ちから、相手に親切にしたり優しくしたりといった行動に出ることがあります。

嫌いな上司や先輩にお世辞を言ったり、過度な尊敬を示すといった行動をとるのは、まさに反動形成の表われです。

反動形成は、自分の本心と素直に向き合えないときに起きるもの。向き合えないのは自分に自信がないからです。

ですから、大人になっても反動形成が起きるとしたら、もっと自信をつける必要がありますし、起きないとしたら自信がついてきた、余裕が出てきた証拠です。

# 「天然」な女性が男性にモテる理由

一緒にいるだけで楽しくなる、ネアカな天然系の女性は男性にはモテモテです。
そういう女性には、次のような特徴があります。

- いつも自分から明るく挨拶してくれる
- 声をかければ笑顔が返ってくる
- 素直で表情がくるくる変化する
- しぐさがコミカルでかわいらしい
- いるだけで、その場を和《なご》ませてくれる
- 人の話を楽しそうに聞いてくれる
- 冗談やいたずらを楽しんで受け止めてくれる

etc.

職場やサークルにこういう女性がいてくれると、男性はとても助かります。

というのも、**男性は相手の感情の機微《きび》を読み取る能力（『デコーディング能力』）が女性より劣《おと》っている**から。

そのため、素直に態度や行動で示してくれないと、相手がどう思っているのかわからずにアタフタしてしまうことがあるのです。

その点、明るくて天然な女性は、素直に態度や行動で示してくれるので、デコーディング能力に難のある男性にとっては、救いの存在になるというわけです。

また、自分から相手に壁をつくらない人が多いのも特徴のひとつ。心理学的にいえば、**天然系の女性は『パーソナルスペース』が狭い**と考えられます。

パーソナルスペースというのは、心につくる壁の内、他人に近づかれると不快に感じる空間のことをいいます。

ネアカな天然系の女性は、それが狭いので相手も気安く近づけますし、本人も相手のパーソナルスペースに意識せずに入り込んでしまいます。

最初は戸惑う男性も、相手が作為のない天然な女性だとわかると、安心して好感度を高めていきます。天然女子のモテモテの秘密は、そのあたりにあるのでしょう。

# 「小悪魔」な女性に男性が弱い理由

世の中には、〝小悪魔〟と呼ばれる女性がいます。

男性に対して思わせぶりな態度をとる一方で、相手が興味を持って近づいてくると、サラリとかわして翻弄《ほんろう》するような女性のことをいいます。

男性からすれば、罪つくりな女性です。

そんな小悪魔な女性が、自分のとりこになった男性の耳元でささやきそうなセリフが、こちら。

「ねえ、私のどこが好き?」

そう聞かれれば、男とすれば彼女の好きな部分を挙げざるを得ません。

そして、「ああ、だから俺は彼女にメロメロなんだな」と再認識することになります。

実はこれ、男心を惹《ひ》きつける、とても効果的な心理テクニックなのです。

というのも、「どこが好き?」と聞くことで、話の方向性を〝自分の長所〟だけに絞り込めるから。

「ねえ、私のこと、どう思ってる?」

こちらの場合は、長所も短所もふまえた聞き方になってしまうので、女性にとってはあまり聞きたくない答えが返ってくる可能性も出てきます。

ですから、小悪魔的な女性は絶対そんな聞き方はしないのです。

このように、**自分の都合のいい答えが返ってくるように誘導する言い方**を心理学では**『ワーディング』**といいます。

腕のいい営業マンが「この商品のどこがお気に召しましたか」と尋ねるのも、客にその商品の長所を口にさせることで、購買意欲を高めさせることができるから。

客にしてみれば、自分がほめた商品を「買わない」とは言いにくいものです。

そうした顧客心理の見極め方や誘導術は、大手の会社なら、販売の基礎知識として社員に教えているものですが、小悪魔と称される女性たちは、本能的にそれを身につけているところが凄いですよね。

# いじられキャラが愛されるのは、なぜ？

最近、よく耳にするようになった言葉に「いじる」というのがあります。人をからかって笑うという意味で使われているようですが、「いじめる」と違うのは、いじる側に〝悪意がない〟という点でしょうか。

バラエティ番組には「いじられキャラ」という人たちが出てきます。その筆頭は出《で》川《がわ》哲朗《てつろう》さん。この人の芸の特徴は、リアクションが大きいこと。なので、リアクション大王と呼ばれたりもします。

本人が自覚している・していないにかかわらず、このタイプの人は素直な人が多く、何事にも全力でチャレンジします。その姿には感心させられますが、失敗したときのリアクションも大きいので、「からかい＝いじり」の対象にもなりやすいのでしょう。

もう1人挙げるとすれば、元プロボクサーの具志堅用高《ぐしけんようこう》さん。こちらは、天然キャラとでもいうんでしょうか。このタイプの人は、自分でそんなキャラクターをつくっているわけではないので、どうして自分が「つっこまれる＝いじられる」のかわからずに、キョトンとしている場合が多いもの。

どちらにしても、いじられキャラの人は〝**隙《すき》のある人**〟であるようです。素直で、天然で、隙だらけなので、からかいの対象になりやすいのです。

そういう特徴を、心理学では『**ヴァルネラビリティ（攻撃誘発性）**』といいます。ヴァルネラビリティの高い人は、いじられキャラになりやすいということ。悪くするといじめの対象にもなりがちですが、その一方で〝愛すべき人〟にもなるのがこのタイプ。

いじりやすいということは、気安く接することができるということ。その分、心の距離が縮まりやすいので、いじり・いじられているうちに恋愛に発展することも、よくあることです。

モテるために完璧な人間になろうと努力する人がいますが、〝高嶺《たかね》の花〟に見られると意外にモテないもの。そういうタイプの人は、いじられキャラの人を少し見習って、隙をつくる努力をしたほうがいいかもしれませんよ。

## 方言をしゃべる女性は、なぜ好かれる？

女性がふと発した「方言」に、心をときめかす男性は多いもの。

女性の方言をかわいいと感じる男性は少なくないようで、最近では「方言萌《も》え」という言葉も耳にするほどです。

女の子の方言がかわいい都道府県ランキングで、いつも上位を占めるのは、京都弁や福岡弁。

なぜ、京都弁や福岡弁を話す女性は男性のハートをつかむのでしょう。

ある調査では、「はんなりしていて口調が柔らかいから」「語尾やアクセントがかわいい」「ゆるい感じがたまらない」というのが、その理由のようです。

なぜ、方言は口調がやわらかいのか。また、どうして柔らかい口調を「かわいい」と感じる人が多いのか。

それは方言が、人間関係をつくり、うまく維持していくために生まれた言葉だからです。

方言は、その地域に生きる人々の生活や人間関係を通して、自然と生まれたもの。その背景には、文化や豊かな人間関係があるんですね。

つまり、情報を伝えるためだけの言葉が標準語（共通語）。人間関係を育むための言葉が方言といえます。

方言のほうがあたたかみを感じるのは、当然かもしれません。

また、方言の「ゆるさ」は、ゆるキャラに通じるところもありそうです。

動物行動学者のコンラート・ローレンツは、ヒトだけでなく、イヌやトリなど多くの生物に共通する「赤ちゃんの形態的・行動的特徴」を調べた人として知られています。

その研究によると、赤ちゃんを見て誰もがかわいいと思うのは、**「頭でっかち」**で、**「額《ひたい》が広く」「目が大きく丸くて顔の低い位置にある」「体はふっくら」「手足が短く」**

**「動作がぎこちない」**からだといいます。

そうした赤ちゃんに見られる身体的特徴を、博士は**『ベビースキーマ』**と名づけました。

人は、そのような特徴の相手をかわいいと思い、守ろうとする衝動が、自然に芽生えるのだというのです。

ゆるキャラが人気なのも、その体型が『ベビースキーマ』的だから。

女性が発するはんなりとしてゆるい方言は、『ベビースキーマ』と同じで、それを耳にした男性に、「かわいい」「守りたい」という衝動を芽生えさせるのかもしれませんね。

# 「腐れ縁」をなかなか断ち切れない心理

「腐れ縁」という言葉があります。

この言葉、離れようとしてもなかなか離れられない人間関係を、自嘲《じちょう》的にいう場合に使われることが多いようです。

その語源は、元々は「鎖縁《くさりえん》」と書いていたものが、時とともに「腐れ縁」に変化したという説があります。鎖でつながっているのですから、確かに断ち切るのは容易ではありませんよね。

その点では、「運命の赤い糸」のほうが、ものが〝糸〟だけに断ち切るのは簡単なような気がします。運命を感じた人と簡単に別れてしまうことがあるのは、もしかしたらそのせいかもしれません。

そんな冗談はさておき、腐れ縁の人と離れることができないことを、心理学ではどうとらえているのでしょう。

**『サンクコスト効果』**という心理学用語があります。

この効果を簡単にいえば、「もったいなくて捨てられない心理」のこと。元々は経済用語だったのですが、**すでに費やしてしまった費用・時間・労力が、その後の意思決定に悪影響を与え、合理的な判断ができなくなってしまう心理**を指します。

あなたの部屋にも、捨てるに捨てられずにたまりにたまった本や衣服、趣味のグッズがあるのでは。それこそが『サンクコスト効果』の厄介さの証明となるもの。

切るに切れない人間関係、特に異性との関係にもこの心理が働きます。つき合ってきた間に使ったたくさんのお金、膨大《ぼうだい》な時間、そして気遣いや労力、楽しかった遠い過去の思い出や心の奥にしまい込んだ恨み事、それらのことを思い出すと、別れる踏ん切りがつかない。そう思ってしまうのも『サンクコスト効果』のせいです。

ただ、それではどんなに考えても堂々巡りをするだけ。それこそ時間と労力の無駄。前進するためには、決断が必要なときがあります。

さて、あなたには鎖のようになってしまった縁を、断ち切る勇気はあるでしょうか。

# 相思相愛のカップルは、実はそれほど多くはない？

どうせ恋をするのなら、運命の赤い糸で結ばれた人としたいもの。いわゆる相思相愛、両思いの恋です。

でも、現実に相思相愛のカップルって、どれくらいいるのでしょう。

「意外に少ないかもしれない」という可能性を示す、興味深い研究結果があるので、ご紹介しましょう。

実験を行なったのは、スウェーデンのルンド大学の研究者たち。

まず、被験者になった男性に、2人の女性の顔写真を見せ、「より魅力的だ」と思うほうを選んでもらいました。

面白いのはその後。研究者たちは、あるいたずらを仕掛けました。

トランプマジックの技を使って、被験者が選んだ写真を、選ばなかったもう一方の写真とすり替えてしまったのです。

さて、被験者の男性はどんな反応を示したでしょう。

なんと8割近くの人が、写真のすり替えに気づかなかったのです。

心理学では『選択盲《せんたくもう》』といいますが、**自分で「こちらが好みの顔」と選んだのに、人はそれを覚えているとは限らない**のです。

もっと興味深いのは、その後です。

研究者が「なぜそちらの写真を選んだのですか？」と聞くと、被験者の多くが、すり替えられた写真をためつすがめつ見ながら、「この女性のほうが表情が優しそうだから」「目が綺麗だから」などと、好きな理由を当然のように答えたというのです。

つまり、**自分が選んだのだから、好きなところがあるに違いない。そうだ、ここが気に入ったからこっちを選んだのだ、と、人は後づけで見つけてしまう**ようなのです。

両思いだと思っているあなたも、もしかしたら『選択盲』のおかげでそう思っているだけかもしれないということです。幸せならそれでいいんですけどね。

# 6章

# 仕事も勉強も、この心理学で、もっとうまくいく！

# カフェのほうが仕事がはかどるわけ

街のカフェをのぞくと、ノートパソコンやタブレットで仕事や勉強をしている人をよく見かけます。彼らはなぜ、わざわざカフェに入って仕事をするのでしょう。体験者に聞くと、「こういう場所のほうが仕事がはかどるんだよね」といった答えが異口同音に返ってきます。はたして本当にそうなのでしょうか。

答えは、「YES!」。

心理学的にみると、確かに「はかどる」場合が多く、それは様々な研究で確かめられています。

鍵となっているのは、**〝適度な騒音〟**。

アメリカで行なわれた音と創造力に関する研究によると、比較的静かな音（50デシベル）のある環境より、**適度な騒音（70デシベル）のある環境のほうが集中力が高まり、創造性の求められる仕事のパフォーマンスが上がる**ことがわかっています。

書斎や図書館のような静かな環境より、カフェのように雑談する声やテーブルを片づける音のする環境のほうが、集中力が高まって能率が上がるというのです。

さらに『**社会的促進**《そくしん》』という心理学用語があります。これは、**作業や課題を遂行**《すいこう》**しているときに、そばに他者がいることで、その作業や課題の成果が高まる現象**を表わす言葉。

カフェでは、周りに自分以外のお客さんがいることで、この社会的促進が生まれやすいのです。周りに人がいると気が散る、邪魔だ、と思いがちですが、実は邪魔ではなく、むしろ自分の集中力を高める助けになるのです。

また、カフェでの仕事は、時間的制約もあるので余計に集中力が高まります。

1杯のコーヒーで長時間、席を占拠するのは、誰もが後ろめたさを感じます。ある程度の時間内に作業を終わらせるために自然と集中してしまうというわけです。

自宅での作業だと、時間的制約をあまり感じないので、ついダラダラと作業をしてしまったり、他のことに気をとられてしまったりして集中が長続きしません。

このように、カフェのほうが仕事がはかどるのには、ちゃんとわけがあるのです。

# 「勉強しろ！」と言われると、急に勉強したくなくなるわけ

あなたにもこんな経験、ありませんか。そろそろ勉強に取りかかろうかなと思った矢先に、親からこう叱られたこと。

「いつまでテレビ見てるの。早く勉強しなさい！」

言われたあなたは、きっとこう思ったに違いありません。

「今やろうとしてたのに、もうやる気がなくなっちゃったよ」

中には、声に出して親に言い返した人もいるでしょう。

それも無理はないのです。心理学的には、そのような反発心は誰でも持つもので、**『心理的リアクタンス』**と呼ばれています。

人間には、**「自分のことは自分で決めたい」という本能が備わっていて、外部から強制されると、本来持っている自由が脅《おびや》かされると感じて抵抗する**ものなのです。

## 自分で決めたときに感じる高揚感《こうよう》を『自己決定感』といいますが、それが高ければ高いほど、人は〝やる気〟を出します。

それについては、玉川大学の松元健二教授が行なった、次のような実験があります。

実験は、被験者に「ストップウォッチを、ちょうど5秒で止める」という遊びを20回ほどやってもらうというものでした。

被験者には2種類のストップウォッチが用意されており、そのどちらを使うかを選べるグループと、強制的に決められてしまうグループに分けられました。

結果は、前者の選べたグループ、つまり自己決定感の強いほうが、「ポジティブな気分になった」と答える人の割合が多く、課題成績も高かったというのです。

また、5秒で止めるのに失敗しても、自己決定感が高い人は、それをポジティブにとらえ、ますます挑戦する意欲を高めたのだとか。

やはり何事も、自分で決めるということが大切なんですね。そうすれば、自然とやる気も出て勉強も仕事もはかどるというわけです。

ただ、決めたとしても、その決心が中途半端だと、自己決定感は高まらず、やる気のスイッチも入りません。それはあなたも経験上、わかっているのでは？

# 「三日坊主」で終わらせないためには？

「今年は資格を取りまくるぞ！」
「今年こそダイエットする！　目標は最低10kg減！」
「今年はフルマラソンに挑戦だ！」

〝一年の計《けい》は元旦《がんたん》にあり〟といいますが、読者の中にも、年初に一年の目標を立てた経験のある人は大勢いると思います。

さて、その結果はいかがだったでしょう。

見事達成できた人もいると思います。でも、達成できなかった人も多い、いや、かなり多いのではないでしょうか。中には三日坊主だった人もいるかもしれません。

カナダのトロント大学のポリヴィ博士が、興味深い論文を発表しています。

その内容を簡潔にいうと、次のようなもの。

## 「高すぎる目標を立てると、脳が満足感を味わって、それだけで満足してしまう」

目標が高すぎると、〝目標を立てた〟という行為に満足してひと安心し、やる気のエンジンをかけるのを止めてしまうというのです。

博士はそれを『**偽**《いつわ》**りの希望症候群**』と名づけました。

確かに思い当たる節があります。

『スタンフォードの自分を変える教室』の著者ケリー・マクゴニガル博士は、そんな私たちの心模様を次のように解説しています。

①自分が変わろうと決心する
②良くなった状態の〝将来の自分の姿〟を想像して、良い気分になる
③実際には行動を始めても、つらくなってすぐにやめてしまう
④そして、また変わろうと決心する

耳の痛い指摘です。目標を立てるなら、高い目標にしすぎてはダメ。確実に実行できる目標にして、一歩一歩着実に歩むべし、ということでしょうか。

# 「やることリスト」は、つくるだけ損!?

あなたは、夏休みのような長期休暇が始まる際や、あれこれと面倒な作業をする前に「やることリスト」をつくった経験はあるでしょうか。

もし、あるとしたら、さて、どれくらい達成できたでしょう。

2分の1？　3分の1？　中には、ひとつも満足に達成できなかった人もいるのでは？

実は、「やることリスト」が、かえってやる気を奪うこともあるようなのです。

というのも、**リストをつくると、それでひと仕事終わったような気分になって、やる意欲が減退してしまう**から。

**『モラル・ライセシング』**という心理学用語があります。これは、**人は何か良いことをすると、その反動で、多少バツの悪いことをしてもかまわないという心理状態になること**を指す言葉。

たとえばあなたは、スポーツクラブで思いきり汗をかいた後、頑張った自分にご褒《ほう》美《び》とばかりに、ビールジョッキをグイッと傾けたりはしないでしょうか。

1週間よく働いたからと、週末に惰眠《だみん》をむさぼった経験はないでしょうか。

それこそが『モラル・ライセシング』。

私たちは何か良いことをしたり、あるいは良いことをしようと思いついただけで、衝動に従ってもかまわないと思うようになるのです。

せっかく運動して汗をかいたんだから、それを維持すれば体にいいことはわかっているのに、ビールをたらふく飲んだ上にカロリーの高い料理まで食べてしまう。

しかも、「頑張ったんだから、ちょっとぐらいご褒美がないとね」と自分を正当化する。人間にはそういうおバカさんなところがあるんですね。

かく言う私も、仕事がはかどるはずの午前中に、SNSで時間をつぶすことがよくあります。すると、なんだかもうひと仕事したような気になってしまうんですね。まさにおバカさんの典型例です。

「やることリスト」も、時間をかけてつくればつくるほど、『モラル・フイセシング』のワナにはまりやすいということ。くれぐれもお気をつけください。

# 同僚に、ちょっと無理めな仕事を引き受けてほしいときは

「この仕事、明日までに仕上げてくれ」

そう上司に命じられた仕事の量を見て、部下は悲鳴を上げました。明日までに仕上げるなんて、到底無理な分量だったからです。

部下は心の中で叫びました。

「無茶ぶりがひどすぎるよぉ。俺に徹夜しろっていうの⁉」

でも、その後の上司のひと言のおかげで、部下は仕事を頑張って仕上げ、しかも命じた上司に感謝までしたといいます。

さて、どうして仕上げられたのでしょう。そして、部下に感謝の念まで抱かせた上司のひと言とは、どんなものだったのでしょう。

実は、上司は困っている様子の部下を見て、こう言ったのです。

「無理そうか。う～ん、じゃわかった、3日やろう。それならどうだ？」

つまり締め切りを延ばしてくれたのです。ひと晩が3日に延びたのですから、部下が感謝の念を抱いても不思議ではありません。

が、感謝の念を抱く必要はなかったのかもしれません。というのも、納期には最初から3日の余裕があったからです。

なのに、最初に「明日」と言ったのは、上司が『ドア・イン・ザ・フェイス』という心理テクニックを活用しようと思い立ったからです。

これは、**最初にわざと現実的ではない大きな要求を提示して、断られたら要求のハードルを下げて提示することで、相手にYESと言わせてしまう心理技法**のこと。

部下は「日程を延ばしてくれた」と感じ、最初から3日間で仕事を指示されるよりも、引き受けやすくなるのです。

しかも、「相手が譲歩してくれたのだから、自分も相応のことをしなくては」と思うようになります。上司にとっては願ってもないことです。

なるほどね、と感心している場合ではありません。もしかしたら、あなたもこのテクニックで仕事をさせられた経験が、すでにあるかもしれませんよ。

# 長く一緒にいる人と〝雰囲気が似てくる〟ふしぎ

「上司の機嫌が悪いと、オフィス中がピリピリするので困る」

これは、ビジネスパーソン諸氏からよく聞く言葉です。

なぜ、上司の機嫌の悪さが部下にまで伝染してしまうのかといえば、心理学でいう**『情動《じょうどう》感染』**が起こってしまうからです。

人間の脳には、他人の模倣をするという機能が備わっています。それを司る神経細胞を「ミラーニューロン」と呼ぶことは、すでにご紹介しましたね。

主人公が涙するドラマを見ていて、ついもらい泣きしてしまうのは、このミラーニューロンが働いてしまうから。あくびが移るのも、そのせいだといわれています。

仲のいい友人同士や夫婦、長く一緒にいる同僚同士の〝雰囲気が似てくる〟のは、この働きによるものなんですね。

そして、このミラーニューロンの働きによって、**私たちは知らず知らずのうちに、**

**誰かの情動（情緒、感情）に引きずり込まれてしまう**のです。それが『情動感染』。

恐ろしいのは、この**『情動感染』、なぜか、ポジティブな感情よりも、ネガティブな感情のほうが感染しやすい**ことです。

そのため、落ち込んでいる知人に会ったりすると、いつの間にか自分まで気持ちが沈んでしまうことがよくあります。それと同じように、怒りの感情を抱えてピリピリしている上司のいる職場は、その場にいる人みんながピリピリしてしまうのです。

そういう職場は精神衛生上、良いはずがありません。

パワハラ社長がいるおかげで、それが『情動感染』して、中間管理職の人間まで部下にパワハラをするようになることだってあります。

対策は様々ありますが、一番効果的なのは『情動感染』という言葉と、その意味を全員が認識することです。

「ああ、これは相手の感情を受け取って、情動感染が起きているな」

そう自覚できれば、それ以上ネガティブな感情に振り回されずに済むはずですから。

# 何かと不満はあっても、現状に満足してしまう心理

「あなたは同じ仕事をしている同僚と比べて、自分の能力はどの程度だと思いますか？」という質問に、「①平均よりかなり下　②平均よりやや下　③平均程度　④平均よりやや上　⑤平均よりかなり上」の5つの選択肢が与えられていたら、さて、あなただったらどれを選ぶでしょうか。

アメリカで行なわれた調査によると、多くの人が④か⑤を選択したのだそうです。

つまり、多くの人が自分の能力を、平均以上だと思っているということ。

この調査を日本でやったら、謙遜《けんそん》したがる国民性があるので、その傾向は多少弱まるかもしれませんが、似たような調査ではやはり多くの人が「平均か、やや上」を選んだそうです。

つまり**私たちは**、**自分の能力を人並みか人並み以上だと思っている**ということ。小さな優越感で、自分を下支えしているのですね。それを心理学では『**平均以上効果**』

と呼んでいます。もちろん、人がプライドや自信を持つのは悪いことではありません。むしろ、持つべきかも。

ただ、この『平均以上効果』による小さな優越意識には厄介なこともあるのです。「今の現状に不満がないわけじゃないけど、平均より上だから、まあいいか」

そんな言い訳をして、自分を変えるための努力を怠ってしまうからです。

そうやって自分の体裁を守っている限り、現実は自分の思い通りには1ミリも変わってくれません。そうなると、口を開けばグチばかりということになりかねません。

この研究の先駆者である、コーネル大学のダニングとクルーガー両博士の調査によると、**主観と客観の評価のギャップはおよそ20%**といわれています。2割方、私たちは自分に高いゲタを履かせているんですね。それを脱いだら、どんな景色が見えることか。想像するとちょっと怖いです。

自分の未来をより良いものにするためにも、私たちは『平均以上効果』の存在に気づく必要がありそうです。そして、現状に満足せずに、努力を怠《おこた》らないようにしたいものです。これは自戒も込めて。

## 趣味を仕事にした途端、あまり楽しめなくなってしまうワナ

趣味や好きで楽しんでいたことを仕事にした途端、「あれほどあった情熱が消えてしまった」「今は、稼ぐために仕事をしている」と、肩を落とす人がよくいます。

趣味だった頃は楽しめていたことが、仕事になるとなぜ、あまり楽しめなくなってしまうのでしょう。

趣味を仕事にできるなんて羨《うらや》ましい限りなのに、なぜなのでしょう。

それには、**『アンダーマイニング効果』**が働くからのようです。

これは、**好きで行動していたことに、報酬などの〝外発的動機づけ〟が関わると、途端にやる気がなくなってしまうという効果**のこと。

アンダーマイニングには「土台を台無しにする」という意味があります。土台ができているところへ外発的な刺激が与えられることで、土台が崩れてしまうんですね。

好きで楽しく自発的にやっていたことでお金がもらえるとなると、その報酬《ほうしゅう》のために行動するようになり、自発性が損なわれてしまうのです。

テレビゲームも趣味で楽しんでいるうちは熱中しますが、それで報酬がもらえるとなると、別物になってしまいます。使命感のほうが強くなって、ゲームそのものを楽しむというわけにはいかなくなってしまうからです。

しかも、報酬がもらえないただのゲームなど、眼中になくなってしまいます。何も報酬のないパチンコなど、誰も見向きもしないでしょう。いつの間にか、金銭が得られないなら行動する意味がない、と判断するようになってしまうわけです。

報酬にはこのような効果が働くことを考えると、子どもが自発的に始めたこと、たとえば庭掃除などに、「おお、よくやったね。じゃあ、これはご褒美だ」とお駄賃《だちん》をあげるのは、考えものかもしれません。

というのも、子どもから自発性が消えて、次からはお駄賃をあげないと庭掃除をしてくれなくなる可能性があるからです。

**かえってほめるだけのほうが、子どものやる気を刺激して、ますます自主的に庭掃除をしてくれる場合がある**ということを、頭に入れておいてくださいね。

# なぜ「運の良い人」と「運の悪い人」の差がつくのか？

ギャンブルには、「ビギナーズラック」があるとよくいわれます。

ビギナーズラックというのは、ギャンブルなどで初心者が、初めてならではの強みを発揮して幸運を手にする現象のこと。

たとえば、友達に競馬に誘われて初めて馬券を買った人が、びっくりするような大穴を当てたという話はよく耳にするような気がします。


でも、本当に初心者にはそんな幸運が巡ってきやすいのでしょうか。

『運の教科書』（齊藤孝著）という本によると、

「ビギナーズラックがなぜ成立するのかというと、初心者は力《りき》みがなく、結果を求めないので、かえって良い結果が来ることがあるから」

とあります。確かにそういう一面もあるでしょう。

また、「どうせ当たるはずがない」「負けてもともと」という思いがあるので、当たったときの喜びはひとしおですし、印象に強く残ります。

一方、負けたときは当たり前の結果ですから、印象には残りません。そのため、初めてだったのに大勝ちしたという記憶だけが残りやすいですし、人にも吹聴《ふいちょう》しやすい。

結果として、ビギナーズラックという現象があるように世間では認知されてしまうというのが実情のようです。

でも、それが結論ではちょっと夢がありませんよね。できればビギナーズラックはあってほしいもの。

イギリスの心理学者リチャード・ワイズマンは、10年以上にわたる研究によって、世の中には「運の良い人」と「運の悪い人」が確実にいることを突き止めています。

両者には考え方や行動パターンに、次のような違いがあることを指摘しています。

**運の良い人……リラックスしていて心が開かれているので、意図していたこと以外のチャンスに気づきやすい。**

**○運の悪い人……神経質なタイプが多い。そのため、不安感が強くて不注意になりやすいので、思いがけないチャンスに気づけなかったり、事故に遭遇してしまったりする傾向がある。**

また、運の良い人と悪い人には、将来に対する期待にも大きな違いがあるんだとか。

運の良い人は、物事がうまくいくと期待しているので、目標に向けて努力する意欲も高いのに対し、運の悪い人は、はじめからできないとあきらめてしまいがち。

これらの結果から、博士は**「気持ちの持ちようが運を左右している」**という結論を導き出しました。

そして、誰でも運の良い人になれるための法則を4つにまとめました。

**《法則1：チャンスを最大限に広げること》**

運の良い人は、偶然のチャンスを自ら創り出し、チャンスに基づいて行動します。

幸運の種をなるべくたくさんまいておけば、何かしら収穫があるということ。

確かに、懸賞《けんしょう》に応募しまくれば、何かしら当たることはありますよね。

**《法則２：〝虫の知らせ〟を聞き逃さないこと》**

運の良い人は、直感と本能を信じて正しい決断をします。

**《法則３：幸運を期待すること》**

運の良い人は、将来に対する期待を抱いており、それが夢や目標の実現をうながすようです。そのためには、プラスのジンクスを身につけるのが一番。おまじないも効果があるようです。

**《法則４：不運を幸運に変えること》**

運の良い人は立ち直りが早く、不運を幸運に変える力を持っています。何かで失敗しても、すぐに頭を切り換えることが肝心。

確かにこの法則を守って行動すれば、チャンスは向こうからやってくるような気がしますし、これができる人ならビギナーズラックも手中にできそうです。

ただし、ビギナーズラックは続きはしません。というのも、心理学でいう**『ギャンブラーの誤謬《ごびゅう》』**が働くからです。

これは、**合理的な根拠がないにもかかわらず、自分の主観や経験によって、確率論に基づいた予測を歪《ゆが》めてしまう心理現象**のことをいいます。

一度大当たりをしたからといって、自分のツキを盲信《もうしん》すると痛い目にあうということ。

運の良い人であり続けるためには、過信はいけないということでしょうね。

# 「短所」はホントに「長所」にもなる？

**『リフレーミング』**という心理学用語をご存じでしょうか。

**今、使っている言葉や行動の枠組み（フレーム）を組み替える（リフレーム）ことで、その意味を変化させて、気分や感情を変えること**をいいます。

たとえば、見渡す限り砂漠が続くという環境の中で、水筒の水が半分になったときは、「ああ、もう半分しか残っていない」と悲観的になってしまうものですが、それを『リフレーミング』して「まだ半分残ってるじゃないか」と思えれば勇気がわいてきます。

そのように、『リフレーミング』には、マイナスな思考や感情をプラスに変える力があるのです。それを活用すれば、次のように、短所を長所に変えることだって不可能ではありません。

- 単純⇩素直
- 頑固⇩意志の強さ・粘り強さで目標に向かって頑張れる
- 卑屈《ひくつ》⇩慢心しない。他人の良いところを見つけられる
- 神経質⇩感受性が豊か。細かいことによく気がつく
- 暗い・無口⇩物静か、口が堅い
- おしゃべり⇩話し上手、ムードメーカー
- せっかち・短気⇩決断が早い、テキパキしている
- 優柔不断⇩周りに合わせられる
- 空気が読めない⇩マイペース、自分らしさを大切にする
- 小ずるい⇩要領がいい

「物は言いようだね」と思うかもしれませんが、言葉は〝言霊《ことだま》〟ともいうように、心に働きかけて気持ちのありようを変える強い力を持っています。

あなたもリフレーミングで、自分の短所を長所に変えてみませんか。

## 『上を向いて歩こう』が今も世代を超えて歌われるわけ

『上を向いて歩こう』というと懐《なつ》メロソングの代表格ですが、今も多くの人たちに親しまれている名曲です。初リリースが１９６１年といいますから、もう半世紀以上も歌い継がれていることになりますね。

〝涙がこぼれないように〟〝泣きながら歩く〟〝一人ぽっちの夜〟と、歌詞のパーツを見ると湿《しめ》っぽい失恋ソングなのに、曲調はちっとも湿っぽくありません。あくまで軽やかです。そういうところが、未来が薔薇色だった当時の若者たちのハートをくすぐったのでしょうか。

でも、それだけでは長らく歌い継がれる曲にはなりません。

長寿の秘密は、やはり曲のタイトルにもなっていて、歌の中でも繰り返し歌われる「上を向いて歩こう」というフレーズでしょう。

この曲は、「下を向いていてもしょうがない。上を向いて前向きに生きていこう」

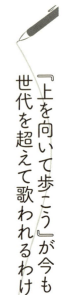

と自分に言い聞かせる歌といえます。

**自分に言い聞かせるように言葉を投げかけること**を、心理学では『**セルフトーク**』といいます。

言葉は行動の導火線《どうかせん》。「どうせ自分なんて」「ダメ」「疲れた」といったマイナスな言葉を口にすればするほど気持ちが萎縮し、消極的な行動しかできなくなります。

一方、プラスの言葉をつぶやけば、気持ちは高まり、積極的な行動ができるようになります。

この曲は、「上を向いて歩こう」というプラスのメッセージを繰り返し自分に投げかけることで、歌えば歌うほど元気になる歌だということ。

様々なストレスを抱えている現代人には、ピッタリの曲といえそうです。

心理学的には、もうひとつ見逃せない点があります。

**「行動すれば、心（気持ち）は後からついてくる」**という心理法則があります。

元気になりたいなぁと思っているだけでは、なかなか元気にはなれません。

元気になりたいのなら、元気になるための行動を起こすのが一番なのです。

**姿勢と心の状態は密接に関係し合っています。**

悩み事があるときは、自然と背中が丸くなってしまいますし、楽しいときは、背筋は自然と伸びるもの。

ですから、元気を出したいのなら、**まず意識して背筋を伸ばしてみる**のです。そして、少しアゴを上げて上を見る。そうするだけで、自然と心の状態をポジティブに切り替えることができます。

まさに「上を向いて歩こう」です。この曲は、上を向いて歩くことで元気になれることを教えてくれるメッセージソングでもあるんですね。

この心理法則を知っていれば、いろいろなときにあなたを助けてくれます。

たとえば、孤独感におそわれるとき、無性にさみしくなるときがあると思います。そんなときは、お湯を沸かして、お茶やコーヒーを飲んで温まりましょう。冷えていた心も温かくなるはずです。

もっと心を温めたいのなら、**お風呂に入る**のもいいかも。

心のもやもやが晴れないとき、頭を切り換えたいときは、冷たい水で顔を洗うのが効果的。「顔を洗って出直す」という言葉があるように、気持ちを切り替えることができます。

お化粧が落ちるのが心配なら、**手を洗うだけ**でもＯＫ。

顔や手は、全身の中でも特に感覚の鋭い場所。脳とたくさんの神経でつながっているので、そこを冷たい水で刺激することは、脳を刺激することにもなります。

そのため、悩みやもやもやが一気に押し流されるような錯覚が生じ、結果として素早く頭を切り換えることができるのです。

このように、**私たちの心と体は、意外なほど密接につながっている**ということ。

『上を向いて歩こう』という曲は、それを教えてくれる歌でもあるんですね。

## 【参考文献】

『予想どおりに不合理』ダン・アリエリー著、『ファスト&スロー　上・下』ダニエル・カーネマン著（以上、早川書房）
『日経サイエンス２０１４年2月号　だまされる脳』、『別冊日経サイエンス１８４　成功と失敗の脳科学』（以上、日本経済新聞社）
『触れることの科学』デイヴィッド・Ｊ・リンデン著（河出書房新社）
『他人の心がカンタンにわかる！　植木理恵の行動心理学入門』植木理恵著（宝島社）
『人間性の心理学』Ａ・Ｈ・マズロー著（産業能率大学出版部）
『フロー体験　喜びの現象学』Ｍ・チクセントミハイ著（世界思想社）
『脳はどこまでコントロールできるか？』中野信子著（ベストセラーズ）
『自分では気づかない、ココロの盲点　完全版』池谷裕二著（講談社）
『図解　脳のスゴい力を最大限に引き出す方法』菅原洋平監修（日本文芸社）
『選択の科学』シーナ・アイエンガー著（文藝春秋）
『スタンフォードの自分を変える教室』ケリー・マクゴニガル著（大和書房）

『良い習慣　悪い習慣』ジェレミー・ディーン著（東洋経済新報社）
『小さな習慣』スティーヴン・ガイズ著（ダイヤモンド社）
『コールド・リーディング』イアン・ローランド著（楽工社）
『運のいい人の法則』リチャード・ワイズマン著（ＫＡＤＯＫＡＷＡ）
『影響力の武器』ロバート・Ｂ・チャルディーニ著（誠信書房）
『プロカウンセラーのコミュニケーションが上手になる技術』浮世満理子著（あさ出版）
『プレジデント２０１７年３月20日号　自分が変わる！　ミラクル心理学入門』（プレジデント社）
『ニューズウィーク日本版２０１５年６月９日号　ダイエット　失敗の心理学』（ＣＣＣメディアハウス）

本書は、本文庫のために書き下ろされたものです。

それ、「心理学《しんりがく》」で説明《せつめい》できます！

著者　清田予紀（きよた・よき）
発行者　押鐘太陽
発行所　株式会社三笠書房
〒102-0072 東京都千代田区飯田橋3-3-1
電話　03-5226-5734（営業部）03-5226-5731（編集部）
http://www.mikasashobo.co.jp
印刷　誠宏印刷
製本　ナショナル製本

 ISBN978-4-8379-6860-3 C0130



王様文庫

## いいことが次々やってくる！「神様貯金」

真印

「まるで、お金を積み立てて貯金をするように、『いいこと』をすれば、それに応じて、あなたの願いは次々と実現していきます」――1300年、邪気を払い続けてきた四国・松山のスピリチュアル一族が教える、絶対に幸せをつかむための、この世で最もシンプルな法則！

## 伊勢の陰陽師が教える「開運」の作法

一宮寿山

陰陽道、古神道の教えをベースに、心身を清らかに磨き、人生を楽しむ開運の作法を紹介。招福を叶える〈秘密の呪文〉と〈護符〉付き。◇満月の月光にさらした「塩」の効果　◇神社参りと同じ効果！「風の祓い」……「神様のご加護」をいただきながら、幸せ感たっぷりに生きるコツ満載！

## 神さまとの直通電話

キャメレオン竹田

「やっぱり、私は護《まも》られている。サンキュー神さま!!」……そう実感できるようなことが次々起こる秘密とは？　★心と体が「ゆるむ」ことが正解！　★「使っていないもの」は手放す　★いつでも「ある」と思って暮らす……ｅｔｃ．これが、運がよくなる《波動》の法則！

K30444

王様文庫

# 時間を忘れるほど面白い 人間心理のふしぎがわかる本

清田予紀

なぜ私たちは「隅の席」に座りたがるのか——あの顔、その行動、この言葉に〝ホンネ〟があらわれる！　◎「握手」をするだけで、相手がここまでわかる◎よく人に道を尋ねられる人の特徴◎いわゆる「ツンデレ」がモテる理由……「深層心理」が見えてくる本！

# 知れば知るほど面白い 人間心理の謎がわかる本

清田予紀

なぜそのひと言で〝炎上〟は起こるのか？　「なんで、そうなるの？」にズバリ答えます！　◎「目が合ったときの反応」で、本心が見えてくる　◎「手書きの字」を見るだけで、ここまでわかる　◎なにかと「影響されやすい人」の特徴……〝心の奥の奥〟を明らかにする本！

# いちいち気にしない心が手に入る本

内藤誼人

対人心理学のスペシャリストが教える「何があっても受け流せる」心理学。◎「マイナスの感情」をはびこらせない　◎〝胸を張る〟だけで、こんなに変わる　◎「自分だって捨てたもんじゃない」と思うコツ……etc.「心を変える」方法をマスターできる本！

K30450